나는
그렇게
생각하지
않습니다

나는 그렇게 생각하지 않습니다

다수와 주류의 폭력에 맞선 사람들과 함께한
변호사들의 공감충만 변론기

법무법인 지향 변호사들

김수정	김 진
남상철	류신환
박갑주	이상훈
이상희	이은우

궁리
KungRee

들어
가며

이 책을 쓴 이들은 각자 다른 곳에서 태어나 자랐고 성별도 나이
도 다르지만, 소외된 사람들이 더 많은 권리를 누리는 세상을 꿈
꾸고, 그를 위해 행동해온 변호사들이다. 이 책은 지은이들이 변
론현장에서 만난 의뢰인들과 함께 울고 웃으며 애환을 나눴던
변론기이다. 또한 변호사의 시각에서 본 우리 사회의 시대 풍속
화이기도 하고, 지은이들이 당사자와 함께 싸워 나가는 과정을
통해 올곧게 선 변호사가 되기까지의 성장기이기도 하다. 이야
기 속의 한국 사회는 많은 성장을 이루기는 했지만, 동시에 아직
도 다수의 소수에 대한 폭력이 횡행하며 약자의 권리가 여전히
보장되지 못하는 곳이다.

그 속에서 오로지 다수이거나 주류의 입장이라는 이유만으로

특정 견해와 행동을 강요하는 제도, 관행에 대하여 "나는 그렇게 생각하지 않습니다."라고 말하는 사람들은 어쩔 수 없이 상처받고 깨어져 나가게 된다. 그 문제를 법정으로 가져온다 한들 많이 달라지는 것은 아니다. 다만 그 용기와 행동이 많은 사람들의 공감을 불러일으키고 끝내 다수를 움직일 때까지 싸울 뿐이며, 이를 붙들어주는 변호사들 역시 피할 도리 없이 그 고통을 함께 짊어지는 운명에 처하게 된다.

여기 실린 글 상당수가 비록 '이겼다'기보다는 '졌거나' '아직도 싸우고 있는' 사람들에 관한 이야기들이지만, 손을 들고 반대하는 사람들이 있고 그들에게 귀 기울여 공감하여 함께 나서는 사람들이 많아질수록 우리 사회는 더 좋아질 것이며 앞으로 그렇게 될 것이라 믿는다. 더불어 짧은 이야기 속에서 변호사라는 직업을 가진 이웃이 어떤 일을 하는지, 한국 사회에서 무엇이 문제되고 있는지를 함께 나누고 성찰해보는 기회가 되었으면 한다.

이 책에 실린 글은 2013년부터 2년간 《한겨레21》에 '7인의 변호사들'이라는 제목으로 연재된 글 중에서 뽑아 모은 것이다. 지은이들은 각자 사무실을 운영하다가 이 글을 연재하기 직전 법무법인 지향을 설립하여, 한 식구가 되었다. 지은이들의 분투는 현재진행형이며, 이제는 공동의 작업이 되었다. 작은 목소리를 소중히 여기며 그들의 인권을 위하여 함께하는 사람들의 힘이 하나둘 합해져, 여기 실린 글을 즐거운 추억으로 되돌아보게 될 미래가 우리 앞에 놓이기를 기대한다.

정연순(법무법인 지향 대표변호사)

차례

4부
"그래도 한번 해봅시다"

5부
마지막까지 기대를 놓지 말자!

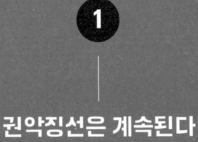

권악징선은 계속된다

벽장 속의 아이

2013년 10월 울산에서 여덟 살 여아가 계모의 학대로 사망하였다. 그 아이는 계모의 폭행으로 갈비뼈 24개 중 16개가 부러졌으며, 이 뼈들이 폐를 찔러 죽음에 이르렀다. 부검 결과 계모는 상처가 아물기도 전에 폭행을 반복하여 아이의 엉덩이 근육이 거의 없어지고 섬유화가 진행되도록 방치했으며, 다리를 부러뜨리고, 화상을 입히는 등의 잔혹한 학대를 지속했음이 확인되었다. 게다가 계모의 폭행은 친부의 방관 속에 지속된 것이었다. 아동학대로 인한 사망사건의 경우 과실치사죄가 적용되어 경미하게 처벌되었던 것과 달리, 계모에게는 이례적으로 살인죄가 적용되어 징역 18년이, 친부에게 아동학대를 방임한 혐의가 인정되어 징역 4년 형이 확정되었다.

작은 시골 읍이 고향인 나는 중학교 때부터 도시로 유학을 와서 학교를 다녔고, 주말이면 집에 다녀오곤 했다. 고향집과 이웃집들은 같은 담벼락을 사이에 두고 촘촘히 붙어 있어, 낮은 담 너머로 서로의 집 안마당이 훤히 다 보이는 모양새였다. 옆집 사내아이는 참 자주 혼이 났다. 추운 겨울 그 꼬맹이는 벌거벗은 채 마당으로 쫓겨나 문고리를 잡고 서서 "엄마 다시는 안 그럴게요…." 애원하며 구슬프게 울었다. 자주 보는 풍경이었다. 벌거벗은 채 벌벌 떨고 있던 하얀 아이, 쨍하고 깨질 듯한 추위, 목 놓아 엄마를 부르는 소리…. 당시 고등학생이었음에도 나는 반복되는 그 장면을 아동학대의 한 장면으로 생각하지 못했다. 말썽을 피우고 벌을 받는 아이, 그저 좀 심하게 혼내는 부모. 그런 생각은 내 부모도 마찬가지였는지, "애를 잡네, 잡아."라고 하면서도 남의 집안일로 여길 뿐이었다.

프랑스의 기자 출신 심리학자이자 작가인 오틸리 바이는 『벽장 속의 아이』라는 제목의 소설을 집필했다. 이 책은 네 살부터 열두 살 때까지 8년간 벽장 속에 묶여 지내며 학대를 당하다 구출된 아이의 실화를 바탕으로 작가적 상상력을 동원해 갇힌 아이의 입장에서 쓴 소설이다. 소설이라기보다는 증언에 가까운 이야기다. 그 아이는 소변을 가리지 못한다는 이유로 벽장 속에 갇혀 벌을 받는다. 다섯 살 아이는 자신이 가혹한 학대를 당한다는 생각도 하지 못한 채 잘못해서 받는 벌이라고 여긴다. 아이는 벽장 속을 돌아가고 싶은 엄마의 뱃속이라 위안하며 힘든 시간을 견뎌낸다. 벽장 속의 아이는 서서히 그 존재조차 잊혀져 엄마는 점점 밥을 주는 것도 잊고 아이는 그렇게 망각 속으로 사라져간다. 작가는 학대 당한 아이들에 대한 이야기를 잊지 않기 위해, 이 사회에 소리쳐 우리의 잠든 가슴을 깨우기 위해 썼다고 한다. 나는 다시 기억하기 위해, 다시는 잊지 않기 위해 기억 속 그 꼬맹이를 불러내본다.

2013년 10월 울산에서 계모의 학대로 사망한 영이(가명)의 이야기가 언론에 대대적으로 보도됐다. 사망 당시 여덟 살이던 영이는 계모의 폭행으로 갈비뼈 24개 중 16개가 부러진 상태였고, 이 갈비뼈들이 폐를 찌른 것이 사망의 원인이었다. 영이의 부검 결과 계모는 상처가 아물기도 전에 폭행을 반복해 영이의 엉덩이 근육이 소멸되고 섬유화가 진행된 사실이 확인됐으며, 다리를 부러뜨리고 화상을 입히는 등 잔혹한 학대를 지속한 것으로 드러났다.

영이가 사망한 이후 민간단체 관계자들은 진상조사가 필요하다는 의견을 모았다. 이들은 진상조사위원회를 만들기 전에 우선 정부의 진상조사 의향을 확인했으나 정부는 이에 응답하지 않았다. 정부의 무응답을 사실상 거절이라 판단하고 국회와의 연계를 통한 진상조사를 모색하던 중 민주당의 남윤인순 의원이 함께하기로 해서 민간단체 관계자들과 교수·변호사 등이 자원해 진상조사위원회를 조직했다. 나도 변호사로서 진상조사위원으로 참여하게 되었다. 위원회 참여자들은 영이의 사건이 신고(사망 2년 6개월 전에 학대 신고가 있었다)에 의해 아동보호 체계 내에서 다뤄졌는데도 결국 죽음을 막지 못한 것에 주목하고, 그 이유가 무엇인지 면밀하게 조사해 현실에 근거한 제도 개선안을 마련하자는 데 인식을 함께했다.

아동학대 사망사건의 진상을 조사하고 그에 근거한 제도 개선안을 만들기에 가장 적합한 주체는 정부다. 아직까지 우리나라는 단 한 번도 정부가 진상조사에 나선 적이 없다. 아동학대 사망사건에 대한 진상조사도 이번이 처음이었다. 아동학대 사망사건에 대한 진상조사의 모범으로 알려진 영국의 빅토리아 클림비 사망사건의 진상조사는 영국 정부가 나서서 15개월 동안 37명의 조사패널을 구성해 진행했다(영국은 정부의 진상조사 의무가 법에 명시되어 있다). 2000년 사망 당시 여덟 살이던 빅토리아 클림비는 차가운 욕실에서 손발이 묶인 채 배설물과 함께 쓰레기봉투 속에 방치되어 있었다. 아이가 죽던 날, 병원으로 이송될 때 아이는 멍들어 있었고, 신체가 심하게 변형되어 있었으며, 영양실조 상태였다. 클림비의 경우도 학대 사실이 노출되어 기관이 개입했는데도 목숨을 잃었다는 점에서 영이의 사례와 유사하다. 영국 정부는 클림비 사망사건에 대한 면밀한 진상조사를 통해 적어도 12차례 클림비를 구할 기회가 있었음을 밝혀내고 이에 대한 제도 개선안을 마련했다. 클림비를 학대한 이모할머니와 동거남에게는 종신형이 선고됐다. 우리의 경우 영이 사건 전까지 불과 몇 년의 징역형을 선고하는 게 고작이었다. 아동학대의 심각성을 바라보는 두 나라의 시각 차이를 알 수 있다.

영이도 구할 수 있었다. 2년 전 영이가 다니던 유치원의 교사는 온몸에서 묵과할 수 없을 정도의 멍을 발견하고 아동보호기

입을 모아 말하는 걸 돌아보면 분명 학대의 징후였다. 동네, 유치원, 학교, 기관 등을 조사할수록 영이를 살릴 수 있었다는 안타까움이 밀려왔다. 친모에게 연락만 했어도, 강제력을 동원해 부모를 조사할 수만 있었어도, 전문성을 갖춘 충분한 인력이 있었다면, 학대 받은 아동이었다는 자료를 학교가 공유할 수만 있었어도, 아동학대 징후에 대한 철저한 교육과 신고 의무 교육만 제대로 되었어도, 학교에서 조기 발견을 위한 신체검사 등의 적절한 시스템만 갖추고 있었어도….

관에 신고했다. 잦은 이사로 자신을 숨긴 계모는 더욱 교묘하게 영이를 학대했다. 사망 무렵 영이가 다녔던 학교의 선생님, 학원 선생님 모두 영이를 밝고 똑똑하고 공부 잘하는 아이로 기억하고 있었다. 멍이 들고, 다리가 부러지고, 화상을 입었지만 다친 경위에 대한 아이의 설명과 엄마의 설명이 일치하고 항상 즉각 치료가 되었으므로 의심하지 못했다. 계모 역시 당연히 친모로 알고 있었다.

그러나 입을 모아 말하는 걸 돌아보면 분명 학대의 징후였다. 동네, 유치원, 학교, 기관 등을 조사할수록 영이를 살릴 수 있었다는 안타까움이 밀려왔다. 친모에게 연락만 했어도, 강제력을 동원해 부모를 조사할 수만 있었어도, 전문성을 갖춘 충분한 인력이 있었다면, 학대 받은 아동이었다는 자료를 학교가 공유할 수만 있었어도, 아동학대 징후에 대한 철저한 교육과 신고 의무 교육만 제대로 되었어도, 학교에서 조기 발견을 위한 신체검사 등의 적절한 시스템만 갖추고 있었어도…. 너무 많은 제도적 허점이 아이를 구하지 못했다. 아니 우리 모두의 무지와 무관심이 아이를 구하지 못했다.

영이의 경우 계모의 학대란 점이 부각되어 언론의 주목을 받았지만 아동학대는 친부모·계부모 할 것 없이 발생하고 있다. 아동학대 가해자의 84%가 부모이며, 한 달에 한 명꼴로 학대로

1. 권악징선은 계속된다

인해 아동이 사망하고 있다. 아동은 부모의 소유물이라는 인식, 훈육 수단으로 체벌을 정당화하는 관행이 가정 내 아동학대를 양산하고 은폐하고 있다. 학대 받는 아동은 도움을 청하기에 너무 어리거나(언론 보도 분석 결과에 따르면 학대 받는 아동 중 한 살 미만이 67%를 차지하는데, 출생신고가 되지 않은 영아의 사망까지 포함하면 그 비중이 훨씬 더 높아질 것이다), 보호자인 가해자에게 절대 복종하려는 성향을 보여 외부에 도움을 청하지 못한다. 그리고 이웃은 남의 가정사에 끼어들지 않는다. 장기간, 지속적인 아동학대가 가능한 이유다.

영아의 죽음으로 국회에 계류 중이던 '아동학대범죄의 처벌 등에 관한 특례법'이 부랴부랴 통과됐고, 아동학대 근절을 위한 목소리가 어느 때보다 높다. 아이들은 스스로를 구할 수 없고, 누군가 대신 소리 내어 구해야 한다. 단 한 명도 벽장 속에 갇혀 있지 않도록, 단 한 명도 목숨을 잃지 않도록 지켜봐야 한다. 제도가 잘 시행되는지 정부를 감시하고, 독촉하며, 부족한 제도를 보완해 나가야 한다.

🔒 김수정

수지킴
6남매의 비극

안기부는 1987년 1월 9일 윤태식이라는 남자를 홍콩에서 데려와 김포공항에서 "동거하던 북한공작원 김옥분과 조총련계 공작원에 의해 납치될 뻔하다 탈출했다."는 기자회견을 하게 하였다. 그런데 윤태식은 홍콩의 아파트에서 부부 싸움 중 김옥분을 목 졸라 살해한 후 싱가포르 주재 북한대사관에 찾아가 망명신청을 하고, 그것이 받아들여지지 않자 미국대사관을 찾아갔으며, 미국대사관 측이 그를 한국대사관으로 인계하였다. 그러자 윤태식은 한국대사관에서 기자회견과 같은 내용으로 거짓말을 하였다. 기자회견 직후 안기부는 진실을 알았지만, 수사를 종결하고, 윤태식에게 보안교육을 한 후 석방하였으며, 이후 계속 그를 관리하였다. 결국 언론인, 법조인 등의 노력으로 윤태식은 살인죄의 공소시효가 만료되기 직전에 기소되어 2003년 5월 대법원에서 유죄판결이 확정되었다.

하지만 1987년이라는 시대적 상황 속에서 국가가 단순한 살인사건을 정치적으로 활용하고, 간첩사건으로 조작·은폐하는 과정에서 김옥분의 인격과 명예가 무참히 짓밟혔을 뿐만 아니라 유가족의 삶도 되돌릴 수 없을 만큼 파괴되었다.

　　변호사 일을 하다보면 영화에서나 나올 법한 사건을 만나는 경우가 있다. 나는 지금까지 그런 사건을 두 번 만났는데, 그중 하나가 지금 이야기하려는 사건이다. 미리 두 가지를 밝혀두면, 첫째 이 사건은 인터넷 검색만 해도 내용을 알 수 있는 '수지킴 사건'이라는 것이고, 둘째 이 사건은 내가 진행한 사건이라기보다는 선배 변호사들이 진행한 사건에 후배로서 조금 관여한, 시쳇말로 숟가락만 올린 사건이라는 것이다.

수지킴 사건이 영화에서나 나올 법한 사건이라는 것은 다음과 같은 이유에서다. 첫째, 주인공 수지킴(김옥분)과 윤태식의 만남과 파국, 김옥분의 기구한 인생과 윤태식의 변화무쌍한 변신이 그렇다. 둘째, 단순한 부부간 살인사건이 윤태식의 거짓말과 국가안전기획부(현재의 국가정보원)의 개입이 만나 여간첩의 남편 납북기도사건으로 조작된 뒤, 안기부 내부적으로는 살인사건이라는 사실이 밝혀졌음에도 오랫동안 은폐됐고, 그 과정에서 김옥분의 유가족은 간첩의 가족이라는 이유로 국가와 사회로부터 엄청난 고통을 겪으며 무너져간 경위가 그렇다.

주인공들에 대해서는 여러분께서 직접 찾아보시라. 1남 6녀의 둘째딸로 태어나 교육받지 못하고 살기 위해 버스 안내양 등을 전전할 수밖에 없었던 1970~80년대 누이와, 화려한 언변과 빠른 판단력, 사교성으로 현란하게 변신하며 성공 직전까지 갔던 남자를 만나게 될 것이다. 여기서는 경위만 살펴보자. 윤태식은 결혼한 지 채 3개월도 되지 않은 1987년 1월 3일, 거주지인 홍콩 소재 아파트에서 부부 싸움 중 김옥분을 목 졸라 살해한다. 윤태식은 책임을 면하기 위해 1월 5일 싱가포르 주재 북한대사관에 찾아가 망명 신청을 했으나 받아들여지지 않자 다시 싱가포르 주재 미국대사관을 찾아갔고, 미국대사관 쪽은 그의 신병을 싱가포르 주재 한국대사관에 인계했다.

그런데 윤태식은 한국대사관에서 "북한공작원에게 납치됐다 탈출했으며, 아내는 북한간첩이었다."고 주장했다. 그러나 그를 면담한 안기부 현지 주재관들은 윤태식의 진술에 일관성이 없고 그가 북한대사관에 망명 신청을 했었다는 첩보가 입수된 점을 감안해 본국에 윤태식과 관련한 기자회견을 여는 것이 부적절하다는 건의를 했다. 이장춘 싱가포르 대사는 기자회견을 강력히 반대했다. 하지만 안기부는 장세동 부장의 지시로 기자회견을 강행한다. 싱가포르와의 외교 마찰을 우려해 1987년 1월 8일 윤태식을 타이 방콕으로 데려가 언론과 인터뷰하게 한 뒤 다음날 그를 국내로 데려와 김포공항에서 "동거하던 북한공작원 김옥분과 조총련계 공작원에 의해 납치될 뻔하다가 탈출했다."는 내용으로 기자회견을 했다.

그 직후 안기부는 윤태식을 심문해 "김옥분을 살해하고 이를 모면하기 위해 북한대사관에 망명을 신청했으나 받아들여지지 않아 미국대사관을 거쳐 한국대사관으로 와서 허위 진술을 했다."는 진술을 받았지만, 윤태식이 이미 기자회견을 해 어쩔 수 없다는 이유로 장세동 등의 지시로 수사를 종결했다. 그 뒤 안기부는 언론에는 윤태식이 여전히 반공투사고 북한공작원 김옥분에 의해 북한으로 납치될 뻔한 것으로 설명했다. 1987년 1월 26일 김옥분의 주검이 발견되어 홍콩 경찰이 윤태식을 용의자로 지목하고 수사 협조를 요청하자 이를 거절한 채 윤태식에게 세뇌교육·보안교육을 한 뒤 1987년 4월 석방했다.

　언론인·변호사 등의 노력을 바탕으로 김옥분의 오빠 김만식은 2000년 3월 윤태식을 고소했고, 검찰은 살인죄의 공소시효 15년이 만료되기 51일 전인 2001년 11월 13일 극적으로 윤태식을 살인죄 등으로 기소해 결국 2003년 5월 대법원에서 유죄판결이 확정됐다. 다만 조작·은폐를 주도한 장세동 등 안기부 관계자들에게는 직권남용죄와 직무유기죄의 공소시효가 지났다는 이유로 '공소권 없음' 처분이 내려졌다.

　1987년 당시 김옥분에게는 어머니가 생존해 있었고 오빠·언니 1명씩과 여동생 4명이 있었다. 앞서와 같이 조작·은폐가 진행되는 동안 유가족은 간첩의 가족이라는 이유로 안기부에서 폭력적·반인권적 조사를 받고 사회적으로 지탄을 받았으며 생계는 무너져갔다. 어머니는 안기부에서 온갖 모욕을 당하며 조사를 받았다. 오빠도 안기부에서 비인간적 조사를 받았으며 윤태식을 고소한 뒤 쌓였던 한이 터져 폭음을 하다가 교통사고로 사망했다. 언니는 당시 실질적 가장으로서 전매청에 다니고 있었다. 동생이 간첩으로 보도된 뒤 해직됐고, 해직과 동생이 간첩이라는 충격 등으로 정신이상자로 지내다 1987년 11월 사망했다. 첫째 여동생은 혼인해 이발소를 하고 있었는데 보도 뒤 가게

　　　　　　　　　　　　　　　　　　1. 권악징선은 계속된다

문을 닫게 됐다. 게다가 언니 일로 시댁 식구들의 핍박을 견디다 못해 이혼을 하게 됐다. 그 뒤 간첩 가족이라는 이유로 정규직 노동을 할 수 없어 어려운 생활을 했다.

둘째 여동생은 김옥분과 홍콩에서 함께 생활했기 때문에 특히 안기부에서 심하게 조사를 받았다. 언니의 사생활과 그녀의 사생활을 연결시키는 폭력적인 이야기를 듣고 이후에도 전화를 도청 당하는 등 계속 감시를 받았다. 또한 언니의 사생활에 대한 선정적인 보도가 있자 시댁 식구들로부터 이혼을 강요당했고, 신경쇠약 · 대인기피 증세를 보이게 되었다. 셋째 여동생의 경우 언니가 간첩이라는 보도가 나온 건 결혼한 직후였다. 시댁 식구들은 혼인신고를 못 하게 했고 그녀는 집에서 쫓겨나 절에서 생활하다가 결국 이혼했다. 막내 여동생은 언론 보도 뒤 결혼했지만 언니와 관련된 가족사가 알려진 뒤 이혼을 당했다.

독재정권과 민주화 세력의 긴장감이 고조되던 1987년이라는 시대적 상황 속에서 국가가 단순한 살인사건을 정치적으로 사건을 활용하고 간첩사건으로 조작 · 은폐하는 과정에서 김옥분의 인격과 명예가 처참하게 짓밟혔을 뿐 아니라 그 유가족의 삶 또한 되돌리기 힘들 정도로 파괴된 것이다. 그 가해 주체는 바로 국민에 대한 보호 의무가 있는 국가, 요즘 자주 언론에 오르내리는 현재의 국가정보원이었다.

유가족은 국가와 윤태식을 상대로 손해배상 청구소송을 냈고, 법원은 2003년 8월 14일 상당한 액수의 배상 판결을 내렸다. 그러나 그 배상금으로도 파괴된 가족과 삶은 회복될 수 없었다.

한편 조작·은폐되어 오랫동안 망각의 바다에 가라앉았던 수지킴 사건이 다시 수면 위로 떠올라 세간의 관심을 받고, 결국 살인자와 조작·은폐 행위의 관여자들이 형사처벌되고, 국가가 수지킴의 유가족에게 손해배상을 하게 되는 과정에는 사명감을 갖고 각자의 위치에서 주어진 일을 헌신적으로 한 사람들이 있었다. 언론매체에서 다루기를 거부하던 이 사건을 집요하게 취재해 보도한 당시 《주간동아》 이정훈 기자, 처음으로 이 사건을 방송한 SBS 〈그것이 알고 싶다〉의 남상문 PD, 대한변호사협회 인권위원으로 이 사건의 형사 고소를 대리해 공소시효 완성 직전 윤태식에 대한 검찰 구속 기소를 이끌어낸 전해철 변호사, 지인에게 돈을 빌려와 소송이 가능하도록 했던 이덕우 변호사, 손해배상 청구 액수에서 기존 관성을 깨도록 한 장완익 변호사, 당시 서울지검 외사부 소속으로 자비를 들여 수사하고 윤태식을 구속 기소한 고석홍 검사 등이 있었기에 진실은 밝혀졌고 부분적으로나마 정의가 실현됐던 것이다. 이 과정에서 그 사람들 일부를 만났고, 사건을 해결하는 데 옆에서 조금이나마 도움이 된 것을 나는 아직도 큰 영광으로 생각한다.

🔒 박갑주

아직도
표절 권하는
사회?

필자는 2006년에 가수 MC몽의 곡 〈너에게 쓰는 편지〉가 그룹 더더가 부른 〈이츠 유(It's You)〉의 저작권을 침해한 사건을 담당하였다. 원고인 〈이츠 유〉의 작곡가는 당시 그룹 러브홀릭의 리더로서 유명 싱어송라이터 강현민 씨였고, 피고는 당시로서는 신인 작곡가였다. 이 사건에서는 〈너에게 쓰는 편지〉의 후렴구가 그룹 더더가 부른 〈이츠 유〉의 저작권을 침해하였다는 판결이 내려졌으며, 이 판결은 음악 표절에 관한 한 사실상 우리나라 최초의 판결이라 할 수 있다. 이는 멜로디, 화성-코드, 리듬의 유사성을 중심으로 음악저작물의 표절 여부를 판단하는 기준을 최초로 제시하였고 현재에도 판례의 태도로 유지되고 있다.

외국의 경우 일부라도 다른 곡을 표절했다는 판결이 내려지면 표절곡의 저작권료 전부가 침해당한 원곡의 저작권자에게 돌아가게 되지만, 우리나라에는 이러한 제도나 판례가 없어 표절곡 작곡가에게도 해당곡 저작권료 중 일부가 지급되는 기현상이 발생하고 있고, 2010년도 발표에 따르면 표절시비가 있었던 대중가요 20곡에 대하여 지급된 저작권료가 20여억 원에 달한다고 한다.

결코 뜸하게라고는 말할 수 없을 정도로 가끔씩 "누가 누구 노래를 표절했다."는 소식을 접한다. 이런 소식에 등장하는 노래들은 대부분 유명세를 탔거나 적어도 유명 가수와 작곡가가 관련된 것이라서 잔상이 오래 간다. 자기 곡을 표절 당한 작곡가가 억울한 건 당연한 노릇이고 억울하다고 생각하는 '가해자 쪽 가

수'까지 피해를 입는데도, 희한하게 '가해자 작곡가'는 지속적으로 등장하고 표절 논란은 끊이지 않는다. 대중은 논란 자체에 피로감을 느끼는 지경에 이르렀다. 이러다보니 이제는 표절이 분명해 보이는 때에도 '가해자'가 당당하게 버티는 경우가 흔해졌고, 바야흐로 누가 '도둑'인지 '도둑맞은 사람'인지 알 수 없게 되는 경우가 많아졌다.

얼마 전에는 〈썸데이〉라는 노래에 관한 항소심 판결과 이에 대해 억울해하는 당사자의 호소가 며칠 신문과 방송을 장식했다. 최근에는 오디션 프로그램에 출연해 스타덤에 오른 신인 가수의 자작곡이 문제가 된 적도 있었다. 〈썸데이〉 사건은 당사자가 상고해 우리나라에서는 최초로 음악저작권침해에 관한 기념비적인(?) 대법원 판결이 나오지 않을까 내심 기대는 하고 있다. 하지만 판결이 나온다 해도 계속되는 표절 논란을 잠재울 수 있을지는 미지수다. 원래 이용 가능한 소재에 한계가 있어 비슷한 느낌의 곡이 나올 수 있는 것이 대중음악의 특성이기도 하거니와 실은 침해 당한 권리를 구제하거나 되찾기가 너무 수고로운 현실이 권리자를 옥죄고 있기 때문이다.

2010년 문화체육관광부와 한국음악저작권협회는 2000년 이후 발표된 곡 중 표절 판결을 받았거나 표절 논란이 불거진 대중가요 20곡에 지급한 저작권료가 20여억 원에 달한다고 국회에 보고를 한 적이 있었다. 논란만 있었던 곡은 그렇다 치고, 판결까지 내려진 곡에 저작권료가 지급됐다? 아마 실상을 알게 되면 허탈할 것이다.

필자는 이 20곡 중에서 저작권침해로 판결이 내려진 사건을 2006년에 담당했다. 당시 전성기를 구가하던 어떤 가수(피처링을 주로 이용했기에 랩을 주로 하는 뮤지션이라고 하는 게 더 맞을까?)의 곡 〈너에게 쓰는 편지〉가 '그룹 더더'가 부른 〈이츠 유〉(It's You)의 저작권을 침해했다는 사건이다. 내가 대리한 〈이츠 유〉의 작곡가는 유명 싱어송라이터였다.

당시 당사자들은 가수가 아닌 작곡가들로 모두 한국음악저작권협회에 가입해 음악저작권을 협회에 신탁한 상태였다. 필자는 우선 협회에 회원의 저작권이 침해되고 있음을 통지하고 대응을 요구했다. 저작권침해를 확신한 변호사의 대응으로는 안이하다고 생각할 수도 있으나 사실 협회에 대한 요구는 불가피한 것이었다. 협회에 저작권을 신탁한 회원에게는 신탁 약관상 저작재산권을 행사할 아무런 권한이, 심지어 침해자를 상대로 저작재산권침해 소송을 제기할 권한조차 없었다. 그 권리는 모두 협회에 유보된 것으로 저작재산권에 관해서는 협회가 권리자였기 때문이다. 그런데 권리자인 협회는 자신의 권리가 침해당하는데도 선뜻 나서려고 하지 않았다. 침해 여부를 판단할 수 없다는 게 표면적인 이유였는데, 실제로는 상대방도 회원이어서였다. 그러면서 협회는 판결을 받아와야 움직일 수 있다고 거꾸로 요구했다. 저작권에는 재산의 성격과 인격의 성격이 있는데, 협회에 맡긴 것은 '재산' 부분만이므로 '인격' 부분을 침해했다며 저작인격권침해를 이유로 한 손해배상 청구를 하면서 그 전제 사실로 저작재산권침해를 다툴 수밖에 없었다. 소(訴)제기권까지 포함해 권리는 전부 신탁됐으나 침해 구제는 수탁기관의 도움 없이 스스로 해야 하는 현실이 표절이 계속되는 배경일지도 모른다.

재판에는 상당한 시간과 노력이 소요되었다. 최초 배당된 단독판사 재판부에서는 제대로 된 변론이 진행되지 못한 채 인사이동 기간을 통과해야 했고, 새로 부임한 재판장은 결국 합의부로 사건을 이송하고야 말았다. 다행히 사건이 이송된 전담 합의부에서는 변론이 본격적으로 전개됐다. 멜로디, 화성·코드, 리듬의 유사성에 대한 치열한 공방과 더불어 실용음악부 교수들의 전문적인 감정, 사실 조회 등이 이어졌고 마지막으로 문제의 곡들을 직접 들어보는 검증까지 이루어졌다. 검증을 위해 양 곡의 유사 부분을 청취할 수 있는 여러 버전을 준비해서 갔다. 우선 조를 맞춘 뒤 각 곡을 따로 녹음한 버전, 겹쳐서 녹음한 버전, 가사를 생략한 버전, 피아노로만 연주한 버전, 허밍으로 노래한 버전 등을 준비했다.

지난한 과정을 거쳐 음악저작권침해에 관한 판결로는 최초라고 할 수 있는 '〈이츠 유〉 판결'이 나오게 되었다. 손해배상액은 1천만 원. 이 판결은 음악저작물의 실질적 유사성 판단, 즉 표절 여부에 대한 판단 기준을 처음 제시했고, 여기에 적용된 논리가 이후 나온 몇 건의 침해 사건에서도 유지되고 있는 점에서 의미가 컸다. 애초에 큰 기대를 한 것은 아니었고 '인격' 부분에 한정된 것이기는 하지만, 중대한 침해의 배상치고는 규모가 지나치게 작았다. 침해를 입증하기 위한 지난한 과정과 이에 비해 미약한 결실, 이것이 표절의 유혹을 뿌리치지 못하는 침해자의 어두운 뒷배경일 것이다.

　그런데 이게 마지막이 아니었다. 이렇듯 천신만고 끝에 해당 곡의 후렴구에 대한 침해 판결을 받아 협회에 제출했으나, 일찍이 판결을 받아오라고 했던 협회는 해당 판결은 인격에 관한 것일 뿐 재산에 관한 것은 아니었으므로 협회에서 저작자에게 지급하는 저작권료 문제를 해결할 수는 없으니 침해자와 합의를 해오라는 참으로 허탈한 요구를 했다. 협회에 유보된 권리를 스스로 행사하지 않아 어쩔 수 없이 인격권침해 판결을 받아온 마당에, 그 판결문 안에는 저작재산권침해의 내용과 위치, 분량이 구체적으로 모두 적시되어 있었는데도, 협회는 이제 막 치열한 공방전을 벌여 감정의 대립이 극한까지 다다랐던 상대방과 합의를 해와야 저작권료를 지급할 수 있다고 시곗바늘을 거꾸로 돌리려 했던 것이다. 외국과 달리 일부 표절의 효과를 곡 전부에 미치게 하지 않는 것이 나름 근거가 있는 논리로 인정한다고 하더라도, 저작권료 지급에 관해(결국 저작재산권에 관한 것이다) 합의를 요구하는 것은 애당초 가능하지 않은 저작재산권에 관한 재판을 당사자들끼리 다시 해보라는 것과 진배없었다. 불행인지 다행인지 상대방과 합의해 문제의 표절곡에 대한 저작권료는 양쪽에 따로 지급되고 있다(아이러니하게도 공동저작자로서 말이다). 그 결과 2010년의 통계와 같은 기이한 현황이 나오게 된 것이다.

2006년의 판결 이후에도 필자는 화제가 된 몇 건의 표절 논란에 대해 자문을 해준 적이 있으나 소송에까지 이른 적은 없다. 그 이유는 멀고 먼 구제의 길 때문이고, 들어간 공력에 비해 턱없이 과소한 결과가 예상되기 때문이기도 했다. 무엇보다 권리자들이 이런 현실에 먼저 좌절하는 경우가 많았기 때문이다. 그리하여 우리 사회는 아직도 표절 권하는(?) 사회의 오명을 벗지 못하고 있다.

🔒남상철

그라운드에서의 죽음

1990년대 후반 롯데자이언츠를 이끌었던 '마림포'의 주인공 임수혁 선수에 대한 재판 기록이다. 임수혁 선수는 2000년 LG와의 경기에서 2루에서 갑자기 쓰러진 후 계속 병마와 싸우다가 2010년 영원히 돌아오지 못할 길을 떠났다. 구단을 상대한 소송 뒷이야기를 통해 임수혁 선수를 추모한다.

2000년 4월 18일, 서울 잠실구장 2루에 한 선수가 서 있었다. 185cm, 85kg의 건장한 체격. 국가대표 출신의 롯데 자이언츠 포수. 아들과 딸을 하나씩 둔 당시 만 서른한 살의 젊은 가장. 한때 마해영과 함께 '마림포'라 불리며 막강 롯데 타선을 책임지던 임수혁 선수다. 그런데 누구와 부딪히지도 않았는데 갑자기 픽 쓰러졌다. 어떻게 저럴 수 있을까. 영화나 드라마에서 보는 심장마비 장면은 운동과는 거리가 먼 푸짐한 중년 아저씨가 흥분하다가 가슴을 쥐어짜며 쓰러지는 것이었다. 심장마비에 무지했던 나에게는 운동으로 탄탄하게 단련된 젊은 선수가 갑자기 쓰러지는 상황이 이례적으로 보였다. 과연 구단은 저런 상황까지 고려해 응급구조체제를 갖춰야 할 의무가 있을까.

심장마비로 인한 저산소성 뇌손상. 임수혁 선수의 병명이다. 심장박동이 갑자기 정지하더라도 우리 몸속에는 생명을 유지할 수 있는 산소가 어느 정도 남아 있어 4분 이내에 심폐소생술을 하면 뇌손상 없이 다시 살아날 수 있다. 그러나 아무런 처치 없이 4분이 지나면 서서히 뇌손상이 발생한다. 인지기능이 손상될 수도 있고, 언어기능이 손상될 수도 있고, 운동기능이 손상될 수도 있고, 시간이 10분 이상 지나면 사망할 수도 있다.

그런데 사고 당시 잠실구장에는 미숙련 간호사 1명만 대기한 채 어느 누구도 심폐소생술을 시행하지 않았고, 구급차에는 심실제세동기(심장박동이 미미해지고 불규칙해질 때 전기적 충격을 가해 회복시키는 의료장비)도 없어서 결국 임수혁 선수는 응급조치 없이 병원으로 이송되는 과정에서 산소호흡이 중단됐다. 그 결과 사고 발생 뒤 만 2년이 넘도록 초점을 잃은 눈으로 사람을 바라볼 뿐 방문객을 알아보지도 못하고, 가족과 말도 못하고, 스스로 손발을 움직일 수 없을 정도로 뇌기능이 심하게 손상됐다.

2014년 6월 19일 보건복지부의 '2011~2012 급성심장정지 조사 결과' 발표에 따르면 급성심장정지(심장마비) 환자는 매년 증가 추세다. 2012년 기준으로 119 구급차를 이용해 응급실에 내원한 환자는 2만 7,823명이고, 그중 15~64세 환자가 42.6%나 되고, 이들 환자의 8.9%만이 기존에 심장질환을 앓고 있었다. 이 통계는 구급대원에 의해 병원으로 이송된 경우만 집계한 것이고 실제 발생한 급성심장정지 환자 수는 그 이상이어서, 심장마비로 인한 사망자가 교통사고 사망자보다 더 많다고 한다. 다시 말해 평소 심장질환 없이 겉으로 멀쩡한 사람도 심장마비의 위험에 노출되어 있는 것이다.

롯데 구단은 초기에는 임수혁 선수의 치료비를 부담했지만 사고 뒤 2년이 넘어가자 더 이상의 치료비 부담에 난색을 표했다. 임수혁 선수 가족은 롯데리아 운영권이나 롯데그룹의 매장 일부를 임대해주면 여기서 나온 수익금으로 치료비와 가족의 생계비를 알아서 충당하겠다고 했지만 롯데 구단은 거부했다. 당초 임수혁 선수 가족은 롯데 구단을 상대로 한 법적 대응을 원하지 않았지만, 상황이 이렇게 되자 한국프로야구선수협회를 통해 내가 근무하던 선수협회 자문 로펌에 법률 지원을 요청했다.

이거야 원, 도대체 어떻게 임수혁 선수가 얼마나 살지를 예상해서 간병비를 계산하고 (이 경우 보통 소송 절차에서 여명(餘命) 감정을 하는데, 아무리 예측치라지만 산 사람을 앞에 두고 언제 죽을지 말하는 것은 잔인하다), 임수혁 선수가 언제까지 선수 생활을 해서 얼마를 벌 수 있을지 예상해서 금액을 계산해야 하나. 에휴. 가족이 제시한 안이 합리적이고 모양새도 딱 좋겠건만. 롯데 구단은 최동원 선수의 경우에도 그랬듯 통 큰 모습을 보여주지 못했다. 지금은 관람석 수가 5천 석 이상인 운동장에 심폐소생 응급장비를 의무적으로 설치하도록 응급의료법이 개정됐지만 당시에는 구체적인 기준도 없었다.

2003년 4월 16일, 소멸시효 만료일을 며칠 앞두고 서울지방법원 동부지원에 민사조정 신청을 제기했다. 스포츠 활동의 특성상 신체적 접촉뿐 아니라 자신의 능력 이상을 발휘하기 바라는 승부욕과 투지, 경기의 분위기에 따라 안전사고가 발생할 가능성이 있기 때문에 구단은 선수들이 경기 중 부상을 당하지 않도록 사전에 건강 상태를 점검하고 경기 중 불의의 사고를 당할 경우에 대비해 충분한 시설과 인력을 배치하며 안전사고 대책을 세워야 함에도, 당시 구단은 이러한 의무를 소홀히 한 채 심폐소생술 등 응급처치를 실시할 만한 장비나 인력을 전혀 확보하지 않아서 결국 임수혁 선수가 현재까지 식물인간 상태에 있게 됐다는 것이 주된 주장이었다. 소송은 사건이 우호적으로 종결되기를 원하는 가족의 의사 등을 고려해 서로 치고받는 정식소송 대신 '조정' 신청 형식을 취했고, 사고 구장이 잠실인 점을 고려해 롯데 이외에 LG도 피고에 포함시켰다.

재판부는 심정적으로는 임수혁 선수의 처지에 동조하는 분위기였지만, 법률적으로는 어느 범위까지 응급처치를 실시할 장비와 인력을 확보해야 할 법적 의무가 있는지 고민하는 눈치였다. 외국의 사례도 중요할 것으로 보여서 시합이 열리는 구장에

© 연합뉴스

1990년대 후반 롯데자이언츠를 이끌었던 '마림포'의 주
인공인 임수혁 선수 모습. 우리나라에 등록된 장애인 중
90%는 질병이나 사고로 인한 후천적 요인에 의한 경우
다. 인생의 어느 지점까지는 장애를 갖지 않고 살다가
도, 두 선수와 같이 한순간에 장애인이 될 수 있다. 그래
서 우리는 모두 '예비 장애인'이다.

의사와 간호사가 대기한다는 미국 메이저리그 선수노조의 확인서와 일본프로야구선수회의 확인서도 제출했다. 결국 법원은 롯데 등이 2억 2천만 원을 지급하는 조정안을 제시했고, 양쪽 모두 조정안을 수용해 재판은 일단락됐다.

임수혁 선수가 쓰러진 지 만 10년이 지난 2011년 5월, 축구장에도 똑같은 사건이 발생했다. 제주종합경기장에서 열린 경기에서 제주 유나이티드의 신영록(당시 24세) 선수가 갑자기 그라운드에 쓰러진 것이다. 다행히 임수혁 선수 사건 이후 심폐소생술을 배웠던 제주 축구단 트레이너가 신영록 선수에게 심폐소생술을 바로 실시한 뒤 병원에 이송해 일부 언론에서는 "임수혁 선수가 신영록 선수를 살렸다."고 보도하기도 했다.

그러나 지난 5월 어버이날을 앞두고 신영록 선수가 장애인복지관에서 재활훈련을 하는 TV 영상을 보니 아직까지는 야외에서 독립 보행을 하는 데 어려움을 겪고 있었다. 아마도 이송 과정에서 응급조치가 최상의 상태로 이루어지지 않아서 뇌기능 중 일부 운동기능이 손상을 입었고 당분간 재활훈련이 필요해 보였다. 그래도 임 선수와 비교하면 얼마나 감사한 일인가 하다가도, 한편으로는 조금만 더 최상의 응급조치를 받았으면 장애 정도가 줄었을 텐데 싶어 아쉽다.

임수혁 선수와 신영록 선수 사건은 심장마비가 발생했을 때

응급조치의 중요성을 드러내기도 하지만, 장애인 발생 원인을 살펴볼 수 있는 사건이기도 하다. 보통 심장마비가 발생하면 삶과 죽음의 길 두 가지만 생각하는데, 중간에 장애인의 길도 있다.

우리나라에 등록된 장애인 중 90%는 질병이나 사고로 인한 후천적 요인에 의한 경우다. 인생의 어느 지점까지는 장애를 갖지 않고 살다가도, 두 선수와 같이 한순간에 장애인이 될 수 있다. 그래서 우리는 모두 '예비 장애인'이다. 응급조치는 무조건 빨라야 한다. 아주 늦으면 죽고, 조금 늦으면 1분 늦을 때마다 장애가 점점 늘어난다. 응급조치 시설과 인력에 대한 비용을 최대한 지출해서 당사자와 가족이 겪는 막막하고 고단한 삶을 조금이라도 더 막아야 한다.

2010년 2월 7일 임수혁 선수는 만 9년 동안 자신을 힘들게 간병해온 가족을 뒤로한 채 마흔한 살의 젊은 나이로 세상을 떠났다. 고인의 명복을 빈다.

🔒 이상훈

"그 얘기는 하지 않는 것이 좋겠습니다"

법원의 재판은 과거에 있었던 사실을 복원하는 과정이다. 법률은 '증거'에 의해서만 판결의 전제가 되는 사실관계를 인정하도록 정해두었다. 누구나 느끼겠지만 '증거'가 없어 외면 당하는 '진실'이 있다. 재판에서는 법원도 변호사도 그런 상황에 종종 맞닥뜨리게 된다. 변호사로서는 흔히 '증거' 없는 상대방의 주장을 공격하게 되는 법이고, 거꾸로 반대 입장이 되면 '증거' 없는 진실을 믿어달라고 호소한 뒤 이를 받아들이지 않으면 법원을 한탄하게 된다. 다음 글은 필자가 변호사를 시작하던 무렵에 겪은 현금지급기 관련 실용신안권 분쟁에서의 경험을 풀어놓은 것이다. 하지만 변호사로서 현재 여전히 계속되는 고민에 관한 이야기이다.

"그 얘기는 하지 않는 것이 좋겠습니다."

"그게… 낫겠죠?"

재판을 진행하면서 의뢰인과 함께 변론을 준비하다보면 가끔은 이런 대화를 나누게 된다. 진실을 사이에 두고 치열하게 다투는 과정에서 우리가 주장하는 '진실'에도 약점이 있기 마련인데 변호사로서는 '재판에서 그 부분을 굳이 드러내지 않는 것이 도움이 되겠다.'고 판단해 조언하고, 의뢰인도 이에 수긍한다. 또는 의뢰인이 먼저 그렇게 의논해오기도 한다. 상대방에게 공격의 빌미를 줘서 자칫 우리 주장 전체의 신뢰성을 떨어뜨리는 결과를 맞기보다는, 일부 사실을 '은폐'하는 것이다.

'진실이 무엇인가'가 주된 직업적 고민이다보니 이 같은 과정은 때론 개운치 않은 뒷맛을 남기기도 한다. 그럴 때면 문득 생각나는 사건이 있다. 10여 년 전 요즘같이 추웠던 날, 서울 천호동인가 기억도 아련한 동네로 재판부와 당사자들이 우르르 몰려가 현장검증을 하던 그 장면이 겹쳐 떠오르는 사건.

난 변호사 생활을 시작한 지 얼마 안 된 풋내기 변호사였다. 물론 의욕만은 누구 못지않았다. 그 사건의 의뢰인은 은행 등에 현금지급기(ATM)를 공급하는 회사였는데, 경쟁 기업이 판매하는 현금지급기가 의뢰인 회사의 실용신안권을 침해하고 있다는 것이었다. 실용신안권이란 특허로 보호되는 발명보다는 기술적 수준이 낮지만, 나름대로 보호 가치가 있는 창조적인 고안에 관한 독점권을 말한다. 특허권 보호와 유사해서, 실용실안권자는 자신이 개발해 처음으로 등록한 고안을 일정 기간 다른 사람이 사용하지 못하게 할 수 있다.

의뢰인의 권리는 현금지급기 회전 방식에 관한 것이었다. 당시만 해도 은행 직원이 현금지급기에 돈을 채워넣으려면 기기를 끄집어내 돌린 뒤 뒤쪽 시정 장치를 열어야 하는 불편함이 있었는데, 의뢰인 회사가 개발한 고안은 현금지급기를 빼지 않고

1. 권악징선은 계속된다

도 좁은 공간에서 지급기의 일부를 회전시켜 돈을 넣고 빼고 할 수 있었다. 당시에는 기술적으로 '진보'한 편리한 기기였다.

은행들은 기존 현금지급기를 이 편리한 현금지급기로 점차 바꿔가는 중이었고. 의뢰인 회사의 매출은 점점 늘어났다. 그 와중에 경쟁 회사가 이 고안을 모방해 판매하고 있다는 정보를 입수한 의뢰인은 경쟁 회사의 판매를 금지하는 내용의 가처분을 의뢰해온 것이다. 법원의 가처분 결정만으로 바로 판매를 금지하게 되므로, 법원은 신중을 기하기 위해 단기간에 가처분 심문 기일을 두세 번 열어 사건을 심리했다.

경쟁 회사가 항변하는 주된 내용은 "현금지급기에 사용된 기술은 국내외에 공개되어 있던 기술을 혼합한 것인데다, 출원 전에 이미 그 기술을 적용한 제품이 시중에 유통됐으니 그 기술에 독점권을 보장하면 안 된다."는 것이었다. 그러면서 경쟁 회사는 '출원 전에 제품을 생산·유통한 회사 중 하나가 바로 의뢰인 회사'라는 주장도 곁들였다. 나는 선배 변호사와 함께 거의 밤을 새워가며 상대방이 제출한 외국 문헌 자료상의 기술적인 내용을 분석하고, 이 기술을 적용한 현금지급기가 출원 전부터 거래됐다는 주장에 대해서는 명백한 증거가 없다고 조목조목 반박했다. 법원은 우리 손을 들어줘 가처분 결정을 내렸고, 결국 경쟁 회사의 현금지급기 제작·판매는 중단됐다. 가처분 결정을 받았을 때는 그간 고생한 만큼 뿌듯함을 느꼈다. 의뢰인 회사로부터도 '정말 감사하다'는 인사를 여러 차례 받았다.

　그 결정에 대해 경쟁 회사가 이의를 신청해 다시 재판을 준비하던 어느 날, 난 발신인이 적히지 않은 한 통의 편지를 받았다. 놀랍게도 경쟁 회사의 사장이 보낸 편지였다. 지금 기억하기로, 흰 종이에 손으로 꼼꼼히 정성 들여 썼던 그 편지의 대강의 내용은 이런 것이었다.

　　변호사님 보세요. 그 기술은 출원 전에 이미 널리 알려졌던 겁니다. 그쪽 회사도 기술을 조합해 제품을 만들어 팔았습니다. 그러다 혼자만 독점하려고 실용신안을 낸 것인데 왜 진실을 외면하나요. 이번 가처분으로 판매금지가 길어지면 영세한 우리 회사는 금방 문을 닫게 될 겁니다. 변호사님은 소송만을 이기는 유능한 변호사가 되길 원합니까, 아니면 진실을 밝히는 훌륭한 변호사가 되고 싶습니까.

　난 다소 당황했다. 소송 상대방의 편지를 받은 것이 처음인데다(요즘도 그런 일은 거의 없다.) 그 내용이 마음에 많이 걸렸다. 절절함 못지않게 진실함이 담겨 있었다. 하지만 상대방이 주장하는 '진실'에 관한 증거는 없었다. 난 의뢰인의 말을 '진실'로 믿고 최선을 다해 변론해야 하는 처지였다.

　가처분 이의 절차가 법원에서 진행될 때, 경쟁 회사는 서울의

　　　　　　　　　　　　　　1. 권악징선은 계속된다

한 은행 지점에 현장검증을 신청했다. 그곳에 오래된 현금지급기 한 대가 있는데 실용신안 출원 전에 문제가 된 그 기술을 적용해 제작·판매한 제품이라는 것이다. 무던히도 춥던 그날 재판부 판사와 직원들, 그리고 양쪽 당사자들과 변호사들이 모두 그 은행을 찾아갔다. 은행의 양해를 얻어 현금지급기를 끄집어내 내부를 살폈다. 의뢰인의 실용신안권 대상이 된 고안과 구조가 같았다. 납품 일자를 보니 출원 전의 시점이었다. 결국 법원은 가처분을 취소했다. 경쟁 회사가 이긴 것이다.

하지만 의뢰인은 예상이라도 했다는 듯이 담담하게 말했다. "괜찮습니다. 이미 은행들과 대부분 공급계약을 마쳐서 큰 영향은 없을 것 같아요." 경쟁 회사는 어떻게 되었을까. 그 사장의 말대로 가처분 이의 재판이 진행되는 중에 벌써 문을 닫았을지도 모른다. 재판 초기 상대방이 "가처분 신청인 회사(의뢰인)도 출원 전에 해당 제품을 만들어 팔았다."고 주장했을 때, 그 사실을 부인하는 의뢰인에게 난 딱히 더 묻지 않았다. '재판에 유리하지 않은 진실'은 '확인할 가치가 없는 진실'이었을까.

이 사건 뒤로 지금까지도 내가 그때 받았던 편지에 쓰인 문구를 잊지 못하는 건 여전히 내가 '유능한 변호사'도 '훌륭한 변호사'도 아니고 갈팡질팡하기 때문일 것이다. 영화 〈변호인〉이 인기였지만 '오직 진실의 편에서 정의를 외치는' 변호사의 길은 결코 쉽지 않다. 그런 기회를 만나는 것도, 그럴 때 용기를 내는 것도 항상 있는 일이 아니다. 더구나 '진실'은 쉽게 모습을 드러내지 않는다. 법원에도, 그리고 변호사에게도 말이다.

🔒 류신환

권악징선(勸惡懲善),
'삼성 X파일' 이야기

MBC 이상호 기자 등은 2005년 7월 21일부터 안기부가 도청한 이학수 삼성그룹 비서실장과 홍석현 중앙일보 사장 사이의 15대 대통령선거 후보자에 대한 정치자금 제공과 검찰간부에 대한 금품 제공 논의 대화내용을 보도하였다.

한편 검찰이 수사를 머뭇거리자 노회찬 의원은 8월 18일 삼성이 정기적으로 금품을 제공한 것으로 보이는 최고위급 검찰간부 7명의 실명과 관련 도청 테이프 녹취록을 공개하였다. 삼성 X파일 사건의 보도로 국민여론은 들끓었다. 하지만 검찰은 X파일 대화내용 속에서 돈 전달 대상으로 등장하는 정치인과 검사에 대해서는 수사도 하지 않았다. 반면 X파일을 보도한 MBC 이상호 기자 등을 통신비밀보호법 위반으로 기소하고, 법제사법위원회 소속 국회의원으로 X파일 대화내용 속의 검사 명단과 대화내용을 공개했던 노회찬 의원도 통신비밀보호법 위반 등으로 기소했다.

그리고 비록 서울중앙지방법원 항소부는 노회찬 의원에 대한 2심 판결에서 X파일 녹취록의 공개가 수사 촉구 등 정당한 목적에 따른 것으로 볼 수 있어 정당행위에 해당한다며 무죄를 선고하였지만, 대법원은 정당행위에 해당하지 않는다며 유죄로 판단하였다. 그 판결로 노회찬 의원은 의원직을 박탈당했다. 마찬가지로 X파일 사건을 보도한 이상호 기자 등에 대해서도 법원은 통신비밀보호법 위반혐의를 유죄로 판단하였다. 결국 법정에서는 어떠한 정의도 실현되지 않았다.

드라마에선 억울하게 딸을 잃은 일개(?) 형사도, 유력 대선 후보와 국내 최대 재벌가를 상대로 한 싸움에서 딸의 죽음에 관한 진실을 밝히고, 살인을 은폐한 자들을 처벌하게 만든다. 2012년

한 방송사에서 방영한 〈추적자〉라는 드라마의 내용이다. 사법 현실에서도 그와 같은 거대권력을 상대로 정의가 실현될까? 우리 사법제도와 법조인들에 대해 나름의 신뢰를 가지고 있던 나는 그럴 것이라 생각했다. 하지만 노회찬 의원의 '삼성 X파일 사건' 형사 변론을 맡으며 나의 이런 생각은 너무나 순진한 것이었음을 깨닫게 되었다.

2005년 7월 21일부터 삼성 X파일 사건이 보도되면서 국민 여론은 들끓었다. 7월 25일 천정배 법무부 장관은 '정치권력과 언론, 자본, 검찰, 과거 안기부 등이 모두 포함되어 있다는 점에서 충격적'이라며 X파일에 등장하는 검사 명단을 파악할 것을 지시했다. 《중앙일보》는 '다시 한번 뼈를 깎는 자기반성 하겠습니다'라는 사설을 발표했고, 삼성그룹도 대국민 사과문을 발표했다. 그것을 보고 나는 장관의 지시에 따라 검찰이 제대로 수사를 할 것이고, 사실상 대화 당사자가 인정하고 있으니, 여론에 부응하는 결과가 나올 것으로 판단했다. 불법 도청만이 아니라 이학수 삼성그룹 비서실장과 홍석현 《중앙일보》 사장이 대선 후보들, 검찰 간부들에게 돈을 주기로 논의한 대화 내용과 관련해서도 수사와 처벌이 있을 것이라 생각했다.

하지만 대통령이 '정부가 중요하게 생각해야 할 것은 국가기관의 불법행위'라고 발언한 뒤, 검찰이 사건을 대검 특수부가 아닌 서울중앙지검 공안 2부에 배당할 때부터 분위기가 이상했다. 검찰은 삼성그룹의 대선 정치자금 제공, 간부 검사들에게의 금품 지급에 대한 수사와 관련해 "X파일이 불법 도청을 통해 얻어진 증거여서 수사 단서로 삼을 수 없다."고 이야기했다. "X파일 내용에서 확인되는 범죄 사실은 공소시효가 지나 수사할 필요가 없다."고도 했다. 검찰은 142일간이나 수사하면서 삼성그룹 이건희 회장에 대해서는 서면조사만 실시했다. 검사는 X파일의 대화 당사자인 이학수 실장 등을 불러 조사했지만, 그 내용은 "뇌물을 준 사실이 있나요."라고 묻자 "돈 준 사실이 없습니다."라고 대답하고, "X파일과 같은 대화를 한 사실이 있나요." 하고 물으면 "기억나지 않습니다."라고 대답하는 수준의 대화가 오간게 끝이었다.

결국 X파일의 대화 당사자들은 모두 무혐의 처분되었다. X파일 대화 내용 속에서 돈 전달 대상으로 등장하는 정치인들, 검사들도 수사하지 않았다. 반면 X파일을 보도한 MBC 이상호 기자를 통신비밀보호법 위반으로 기소하고, 한참 지난 2007년 5월 21일에는 법제사법위원회 소속 국회의원으로 X파일 대화 내용 속에 등장하는 검사 명단과 대화 내용을 공개했던 노회찬 의원마저 통신비밀보호법 위반 등으로 기소했다.

그런데 불법 증거라 사용할 수 없다는 도청 테이프와 녹취록이 아니더라도 검찰은 세풍사건 수사 등을 통해 이미 삼성그룹 관련 자금 흐름을 파악하고 있었으므로 의지만 있었다면 진실을 밝히는 일이 불가능한 것은 아니었다. 이학수와 홍석현의 대화 뒤에 금품 전달 행위가 있었다거나 전달된 돈이 삼성그룹 비자금이었다면 공소시효가 남아 있을 수 있었다. 사법연수원에서 배우는 '검찰실무' 시간에 검사인 교수는 "검찰의 존재 이유 중 하나는 거악(巨惡) 척결이다."라고 강조했다. 그러나 삼성 X파일 사건과 관련해 검찰은 거악을 척결하는 것이 아니라 거악에 눈을 감았다. 결국 수사 결과는 X파일 사건을 보도한 기자와 검사들에 대한 수사를 촉구한 국회의원을 기소하고, '불법적인 방법을 통해 대통령 선거와 검찰 조직에 영향력을 미치려는 논의로 민주적 헌정 질서의 근간을 해치는' 범죄를 모의한 자들(이상호 기자에 대한 대법원 판결 중 소수 의견 일부)은 무혐의 처분하는 비상식적인 결론으로 끝났다.

참여연대는 X파일 수사가 한창이던 2005년 8월 1일 이미 '삼성이 검사들을 영입하는 이유'라는 자료를 통해 X파일 사건 검찰 수사팀 및 지휘 라인과 삼성그룹 법무팀에 있는 검찰 출신 변호사들의 인적 네트워크를 분석하면서 "삼성그룹의 법조인 영입은 기업 경영상의 필요보다는 일종의 로비스트로 고용하는 것이 아닌가 하는 비판이 제기되었다. 도청 수사팀 및 지휘 라인에 있는 10명의 검사와 검찰 출신 삼성 변호사의 경력 비교는 이런 우려가 근거 있음을 보여준다."고 밝힌 적이 있다. 검찰의

1. 권악징선은 계속된다

수사 결과는 참여연대의 우려가 현실화된 것이라는 의심을 갖게 하기에 충분했다.

그래도 나는 검찰의 수사 결과에 크게 실망하지는 않았다. 법원은 다르리라는 순진한 믿음이 있었다. 그런 나의 믿음에 부응하듯 서울중앙지방법원은 이상호 기자에 대한 1심 판결에서 X파일의 내용이 민주적 기본질서의 근간을 이루는 중요한 공익적 사항이어서 이를 보도하는 것이 부득이했다, 보도가 정당행위에 해당한다며 무죄를 선고했다. 서울중앙지방법원 항소부도 노회찬 의원에 대한 2심 판결에서 X파일의 녹취록이 일반인이라면 사실이라는 강한 추정을 할 수밖에 없다, 인터넷에 검사 명단을 공개한 부분은 녹취록이 삼성의 검사들에 대한 조직적 금품 전달 계획을 내용으로 하고 있어 수사 촉구 등 정당한 목적에 따른 것으로 볼 수 있다면서 정당행위에 해당한다며 무죄를 선고했다.

1심 패소 뒤 법원에 대한 믿음마저 사라질 무렵 2심 법원에서의 무죄 선고는 사법정의는 법원에서 실현될 것이라는 믿음을 지켜주었다. 판사가 30여 분에 걸쳐 판결문을 낭독하는 동안 법정은 때로는 한숨으로 때로는 환호로 술렁였다. 마지막에 '피고인 노회찬은 무죄'라고 선고되는 순간 떠나갈 듯한 환호성이 법정을 흔들었다. 법원 앞에 펼쳐진 '삼성 X파일 진실 규명을 위해 나선 국민 모두의 승리입니다.'라는 플래카드 문구가 현실로 나타나던 순간을 잊지 못한다.

그러나 잊지 못할 순간은 다른 의미의 잊지 못할 순간으로 대체되었다. 전혀 예상하지 못했다. 대법원은 '피고인 노회찬은 유죄'라고 선고했다. 대법원은 X파일의 대화 내용에 언급된 검사들의 실명을 공개하며 수사를 촉구한 행위에 대해 X파일 속 대화 시점은 8년 전의 일이므로 대화 속의 검사 실명 공개 행위는 비상한 공적 관심사라 볼 수 없고, 명단을 공개해 발생하는 이익이 통신비밀을 유지해 발생하는 이익보다 크다고 볼 수 없으므로 정당행위에 해당하지 않는다며 유죄로 판단했다. 이 판결로 노회찬 의원은 의원직을 박탈당했다. X파일 사건은 노회찬 의원의 말대로 "'도둑이야'라고 소리치니까 도둑인지 아닌지는 조사하지 않고 '왜 한밤중에 주택에서 소리를 지르느냐'며 소리치는 사람을 처벌하는 꼴"이라는 사법 현실을 뼈아프게 확인하며 끝났다.

삼성 X파일 사건은, 안진걸 경제민주화국민운동본부 사무처장의 "상식과 정의가 완전히 거꾸로 선 사례로 남을 것이다."라는 말처럼 권악징선(勸惡懲善)의 대표적 사례가 되었다. 개인적으로도 법조인으로서 큰 절망감과 부끄러움을 안겨준 사건으로 남았다. 하지만 노회찬 의원이 의원직을 상실하던 날 "오늘의 대법원 판결은 최종심이 아니다. 국민의 심판, 역사의 판결이 아직 남아 있다."고 말한 것처럼, 비록 사법 현실에서는 정의가 실현되지 못했지만 언젠가는 다른 방식으로 정의가 실현되리라 믿는다. 그것이 내가 'X파일 사건'을 굳이 '삼성 X파일 사건'이라고 명명하는 이유이기도 하다.

🔒 박갑주

학살의 과거는
계속된다

해방 이후 이승만 정권은 좌익 활동과 관련된 사람들을 관리·통제하기 위하여 '국민보도연맹'이라는 단체를 만들었다. 주로 사회주의 계열의 항일운동을 했거나 노동조합, 농민조합 등의 활동을 한 사람들이 가입대상이었다. 그러나, 그러한 경력과 무관한 사람들도 경찰과 지역의 유력인사들의 강요로 가입하였고, 보도연맹이 무슨 단체인지 제대로 알지 못하고 가입한 사람들도 많았다.

그런데 한국전쟁이 발발한 직후, 군과 경찰, 육군본부정보국 방첩부대 대원들은 보도연맹원을 소집하고 계곡이나 야산 등으로 끌고 가 집단 학살하였다. 진실·화해를 위한 과거사정리위원회는, 각 군 단위에서 적게는 100여 명, 많게는 1천여 명 정도가 살해된 것으로 추정하였다.

학살 피해자 유족들은 민간인 학살에 대한 국가의 책임을 묻기 위해 국가배상청구 소송을 제기했는데, 법원은 군인과 경찰이 정당한 사유 없이 적법한 절차를 거치지 않고 국민의 생명권과 신체의 자유 등을 침해했다고 판단하고 국가배상책임을 인정하였다.

과메기로 유명한 경북 포항 구룡포의 석병리 마을에는 4~5대에 걸쳐 사는 분이 많다. 처음 만난 할아버지가 "여기서 500년 살았어."라고 할 때 현실감이 없었는데, 만나는 분들마다 300년, 400년 살았다고 하신다.

바닷가를 끼고 있는 조용하고 아름다운 이 마을도 1950년의 상처에서 자유롭지 못하다. 인근에 빨치산이 많다는 이유로 마을 청년들을 죄다 국민보도연맹에 가입시키더니, 전쟁이 발발하자 경찰들이 한날 마을을 쑥대밭으로 만들고 마을 청년 9명을 잡아갔다. 마을 이곳저곳에서 부모·형제들이 마당에 쓰러져 울며 끌려간 사람들의 이름을 목놓아 불렀지만, 끝내 이들은 돌아오지 못했다. 가족들은 주검이라도 찾고 싶었으나 끌려간 사람들이 배 위에서 줄줄이 엮여 돌에 묶인 채 한 사람씩 수장됐다는 소식만 들렸다. 도대체 우리 아들이, 우리 형이 왜 죽어야 했는지, 그리고 어디서, 어떻게 죽었는지 아무도 알려주지 않았고, 물을 수도 없었다.

4·19 혁명이 일어나고 국회에서 양민학살사건진상조사 특별위원회를 구성해 진상조사를 한다며 피해 신고를 받았다. 포항에서도 피해 신고를 접수받았다. 이제야 억울한 죽음을 밝힐 수 있을까 기대했다. 하지만 5·16 군사쿠데타 세력은 진상규명을 위해 활동한 전국양민피학살유족회를 '용공분자'라고 체포했다. 국가재건최고회의 법제사법위원장이던 이석제 회고록에 의하면, 박정희 정권은 미국이 박정희와 김종필의 배경을 뒷조사한다는 정보를 입수하고 미국에 반공 의지를 보여주기 위해 보도연맹원 등 좌익사상범들을 희생양으로 삼았다는 것이다. 이러한 이유로, 한국전쟁 때 보도연맹으로 학살된 민간인 희생 사건의 진실 규명을 요구한 유족들은 용공분자가 되었다. 실제 유족

1. 권익징선은 계속된다

회 활동을 한 유족들이 사형이나 징역형을 선고받았다. 유족들은 다시 침묵할 수밖에 없었다.

그렇게 몇십 년이 흘러 2005년 정부 차원에서 과거사 청산 작업을 진행하기 위해 '진실·화해를 위한 과거사정리위원회'(진실화해위원회)가 설립됐다. 진실화해위원회는 4년여의 진실 규명 작업 끝에 한국전쟁 직후 육군본부정보국 방첩부대(CIC)와 경찰, 헌병, 해군정보참모실, 공군정보처 소속 군인과 우익 청년단원들이 보도연맹원 등을 집단학살 했다고 발표했다.

진실화해위원회는 보도연맹 집단학살사건을 규명하면서 국가에 사과와 위령사업 지원, 역사 기록, 배·보상을 위한 특별법을 제정하라고 권고했다. 유족들은 늦게나마 진실이 규명된 것을 다행으로 생각하고 진실화해위원회가 권고한 대로 국가가 억울한 죽음과 유족들의 고통에 사과하고 법적으로 책임지기를 기대했다.

민간인 학살 유족들을 처음 만난 건 2008년이었다. 그때까지만 해도 과연 법원이 국가의 책임을 인정할지 회의적이었다. 그전에 경남 거창과 전남 함평의 유족들이 국가배상 청구소송을 제기했는데 모두 소멸시효로 패소했다. 학살이 일어난 지 5년(1955년) 안에 소송을 제기했어야 한다는 것이다.

법원 역사상 처음으로 민간인 학살의 위법성을 인정하고 국가배상 책임을 인정한 것은 서울중앙지방법원이 2009년 2월 10

© 연합뉴스

마을 이곳저곳에서 부모·형제들이 마당에 쓰러져 울며 끌려간 사람들의 이름을 목놓아 불렀지만, 끝내 이들은 돌아오지 못했다. 가족들은 주검이라도 찾고 싶었으나 끌려간 사람들이 배 위에서 줄줄이 엮여 돌에 묶인 채 한 사람씩 수장됐다는 소식만 들렸다. 도대체 우리 아들이, 우리 형이 왜 죽어야 했는지, 그리고 어디서, 어떻게 죽었는지 아무도 알려주지 않았고, 물을 수도 없었다.

일에 선고한 울산보도연맹 사건이다. 그러나 울산보도연맹 사건도 1심에서 국가배상 판결이 난 지 6개월 만인 2009년 8월 18일 항소심에서 뒤집어져 유족들이 패소했다. 그러다가 2011년 6월 30일이 되어서야 비로소 대법원이 국가의 법적 책임을 최종 인정했다. 그러니 유족들로서는 2011년 6월 30일 전까지 법원에 소송을 제기하더라도 이길 수 있을지 아무도 몰랐고, 오히려 거창·함평의 재판을 보고 포기한 분도 많았다.

그러나 2008년에 만난 유족들은 국가가 진상규명을 했으니 당연히 책임을 져야 하지 않느냐며 소송 준비를 했다. 어찌 보면 지극히 당연한 이야기인데, 소심한 변호사는 '소멸시효'만 이야기하며 주춤거렸다. 유족들이 소멸시효라는 거대한 장벽을 모르고 있었던 것은 아니다. 그전에 거창과 함평에서 유족들이 왜 졌는지, 소멸시효가 뭔지 다 알고 있었지만, 그래도 국가가 진상규명을 했으니 그에 대해 책임을 질 거라는 믿음이 있었다.

후두암 말기 환자이면서 누구보다 열심히 소송을 준비한 한 유족은 병원에서 돌아가시기 전까지 "저는 이 소송, 반드시 이길 거라 믿어요. 걱정하지 마세요."라며 소심한 변호사를 격려해주었다. 2008년부터 소송을 준비해 2009년에 시작했는데, 대법원이 울산보도연맹에서 국가의 법적 책임을 인정하기 전까지 국가는 소송에서 소멸시효를 주장했다. 국가배상 청구를 하기 위해서는 사건이 발생한 지 5년(1955년) 내에 소송을 제기해야 하는데, 이미 기간이 지났으니 더 이상 국가에 책임을 물을 수 없다는 것이다. 유족들을 빨갱이로 몰아세우고 유족회를 용공분자로 처벌할 때는 언제고 이제 와서 왜 빨리 소송을 하지 않느냐며 유족들을 탓하고 국가의 책임을 부인하니, 이게 무슨 국가인가라는 생각이 많이 들었다.

다행히 대법원이 울산보도연맹 사건에서 처음으로 국가의 소멸시효 항변이 부당하다고 판단하고 민간인 학살에 대한 국가의 법적 책임을 인정했다. 이로써 다른 지역의 민간인 학살 유족들도 국가의 법적 책임을 묻게 되었다. 상황이 이렇게 되자, 국가는 소송 전략을 바꿔 진실화해위원회의 진실 규명을 부인하기 시작했다. 진실화해위원회의 조사기간이 짧은데 조사 건수는 많아서 충실한 조사가 이뤄지지 못했으므로 결과를 신뢰할 수 없으니, 유족들이 다시 입증하라는 것이다.

희생자들이 어디로 끌려가 어떻게 죽었는지 알지 못해 50년 이상 애만 태우다가 진실화해위원회를 통해 겨우 죽음의 진상을 알게 된 유족들에게, 이제 와서 다시 희생자의 죽음을 입증하라고 하니, 이게 도대체 말이 되는 이야기인가

석병리 마을 노인회관에 가서 할아버지들을 만나 전쟁 당시의 상황을 여쭤보았다. 하기 싫은 이야기인데 왜 자꾸 묻느냐면서도, 그날 끌려가 돌아오진 못한 9명의 이름을 또박또박 말씀

하셨다. 주검이라도 찾으면 좋으련만 석병리 마을의 희생자들은 수장되어 그럴 수 없다고 한다.

경남 진주 명석면 용산리 용산고개 인근에 가면 야산 밑에 커다란 컨테이너가 있다. 컨테이너를 열어보면 노란 플라스틱통이 꽉 들어차 있다. 그 통 안에는 경남 마산 진전면 여양리에서 발굴한 진주 지역 민간인 학살 피해자 유골 163구가 빼곡히 들어 있다. 안치 장소가 없어 임시로 그곳에 보관되어 있다. 컨테이너 옆에는 용산고개에서 학살당하고 버려진 유해들이 발굴을 기다리고 있다. 국가가 민간인을 학살하고 버린 만큼 당연히 국가가 유해를 발굴하고 그 가족의 품으로 돌려보내는 것이 법적으로나 도덕적으로 당연한 일인데도, 국가는 유해를 발굴해달라는 유족들의 요구에 귀를 닫고 있다.

민간인 학살은 1950년에 일어난 과거만의 사건이 아니다. 국가가 피해자에게 사과하지 않고 피해자 구제나 유해 발굴을 위해 어떠한 노력도 기울이지 않는다면, 그 학살은 지금도 유효하게 이어지고 있는 것이다. 민간인 학살은 국가의 정체성에 관한 문제이자 국가의 존립에 관한 문제다. 그러기에 국가는 이 문제를 겸허히 들여다봐야 한다. 국민의 생명을 보호해야 할 의무가 있는 국가가 오히려 국민을 살해했다. 도대체 국가란 무엇인가.

🔒 이상희

깊은 잠을
깨우는
호루라기 소리

2003년 1월 9일 새벽 두산중공업 공장 한 귀퉁이에서 노동자 배달호가 분신했다. 유서에는 "해고자 18명, 징계자 90명 정도. 재산 가압류, 급여 가압류 … 불쌍한 해고자들 꼭 복직 바란다."라고 적혀 있었다. 두산중공업은 2002년 내내 단체협약을 해지하여 파업을 유도하고, 이를 빌미로 고소 · 고발하였다. 또한 조합비를 가압류하였으며, 조합원을 대상으로 12억 원의 부동산 가압류, 53억 원의 임금 가압류를 하였고, 89명의 조합원에 대하여 징계를 하는 등 노조활동과 조합원에 대한 극심한 탄압을 하였다.

그 과정에서 고인도 구속되고, 징계를 받았으며, 임금이 가압류되었다. 하지만 고인은 다른 지역 현장으로 빠지면 가압류를 해제해준다는 회사 제안을 거부하고, 자신보다 해고자와 수배자들을 먼저 챙겼다. 결국 고인이 분신하게 된 것은, 두산중공업 측의 손해배상 청구, 가압류 신청 등을 통한 노조 파괴 공작 때문이었다. 하지만 고인이 분신한 지 10여 년이 지난 최근까지도 헌법 등에 의해 보장되는 단체교섭, 쟁의행위에 대하여 사용자의 손해배상 청구와 가압류 신청이라는 탄압은 계속되고 있고, 사용자 측의 손을 쉽게 들어주어 노동3권을 무력화시키는 법원의 태도도 여전하다.

　태어난 곳은 아니지만 사실상 고향 같은 곳을, 떠난 지 20여 년 만에 다녀온 적이 있다. 벌써 10년이 지난 2003년 1월의 일이다. 현재의 경남 창원시 성산구 귀곡동이라는 곳이다. 한국중공업이 들어서기 전에는 마산항에서 배를 타고 들어가야 했던 귀곡동 구실마을에서 아주 어릴 때부터 자랐다. 초등학교 4학년 때 세계 최대의 종합기계공장이 들어서야 한다는 이유로 마을 주민 전체가 쫓겨날 수밖에 없었다. 나의 가족도 어쩔 수 없이 그곳을 떠났다. 그 뒤 한 번도 가보지 않았던 곳을, 원래 들어섰던 공기업 한국중공업이 민영화되어 두산중공업으로 바뀐 뒤에야 '배달호 씨 분신 사망 진상조사단'의 일원으로 찾아가게 된 것이다.

그런데 이전에 포도가 많이 났던 그곳에서 처음으로 마주한 것은 한겨울 공장 옆 광장의 찬 콘크리트 바닥에 새까맣게 타서 하늘을 향해 고통에 찬 팔을 벌리고 누워 있던 노동자 배달호(당시 50살) 씨의 주검이었다. 분신 현장 근처에 세워져 있던 고인의 차 안에서 발견된 2장짜리 유서에는 "두산이 해도 너무한다. 해고자 18명, 징계자 90명 정도. 재산가압류, 급여가압류, 노동조합 말살 악랄한 정책에 우리가 여기서 밀려난다면 전 사원의 고용은 보장받지 못할 것이다. …불쌍한 해고자들 꼭 복직 바란다."라고 적혀 있었다.

진상조사는 2003년 1월 11~12일 이틀에 걸쳐 진행됐다. 두산중공업 공장 내에서 고인의 경력, 행적과 분신 전후의 상황에 대한 유족·동료·노조·회사의 주장을 듣고 자료를 수집하며 진상을 조사하려 했다. 하지만 회사 쪽은 조사에 불응한다는 입장을 밝혀 조사할 수 없었다.

조사 결과, 두산그룹은 2000년 12월 한국중공업을 인수한 뒤 노조 무력화를 위해 노사가 합의했던 단체협약을 일방적으로 해지해 2002년 내내 노조 파업을 유도하고, 다시 파업을 빌미로 조합원에 대한 고소·고발, 해고 등 징계와 조합원 개인에 대한 가압류, 노조에 대한 가압류와 손해배상 청구소송 등을 제기했음이 드러났다.

두산중공업은 당시 조합원 61명을 고소·고발해 6명 수배, 9명 구속, 6명 불구속을 초래했다. 그리고 손해배상 청구액을 총 65억 원으로 해서 노조조합비 등 약 10억 원을 가압류했다. 노조 활동에 적극적인 조합원 21명을 대상으로 총 12억 원의 부동산 가압류, 63명을 대상으로 총 53억 원의 임금 가압류를 했다. 18명 해고, 8명 3개월 정직 등 총 89명의 조합원에게 징계를 내리는 등 극심한 노동탄압을 했다. 그로 인해 노조 활동이 위축되고 조합비가 묶여 해고노동자 생계비 지원이 불가능해져서 조합원의 가정생활에 어려움을 초래했다.

그 과정에서 한국중공업 노조 결성 초기부터 대의원 등으로 적극적으로 노조 활동에 참여하고 2002년에는 교섭위원을 맡았던 고 배달호 씨도 어려움을 겪었다. 파업과 관련해 구속된 뒤 1심에서 징역 1년에 집행유예 2년을 선고받았고, 회사로부터 정직 3개월의 징계를 받았다. 임금이 가압류되어 분신 당시까지 6

개월 동안 한 푼의 월급도 집에 가져다주지 못한 상태였다. 그럼에도 고인은 다른 지역의 현장으로 빠지면 가압류를 해제해준다는 회사의 제안을 거부하며, 매일 아침 6시 회사에 출근하면 먼저 노조 사무실에서 생활하던 해고자와 수배자들에게 들러 그들을 챙겼고, 교섭위원으로 18명의 해고자 문제를 해결하지 못한 것에 심한 자책을 했다고 한다.

결국 배달호 씨가 분신하게 된 것은, 두산중공업의 비상식적 노조 파괴 공작 등에 근본 원인이 있었던 것이다. 그 안에는 손해배상과 가압류라는 방법을 통한 노조 활동의 탄압, 무력화가 포함되어 있었다. 그런데 이런 상황은 두산중공업만의 문제가 아니었다. 2000년대 초반부터 전 사회적으로 기업 쪽에서 가압류 및 손해배상을 통한 민사적 대응으로 노동 3권을 무력화하려는 움직임이 늘어났다.

법원은 집단적 노사관계라는 노동문제의 특수성, 사회법의 특수성을 무시한 채 민사법의 일반적 원칙으로 이 문제를 바라봤다. 법원의 이러한 태도가 이 비극의 제도적·사법적 배경이었다. 이런 까닭에 국제노동기구(ILO)도 2001년 3월 한국 정부를 상대로 노동분쟁에 대해 시민법의 일반법인 민법·형법의 전면적인 적용을 통한 해결은 문제를 더욱 악화시킬 뿐임을 들어 가압류 및 손해배상 청구와 업무방해죄를 통한 문제 접근에 대해 개선하도록 권고했다.

배달호 씨의 분신을 계기로 노조·조합원에 대한 손해배상과 가압류가 사회문제화되자, 정부와 법원도 노동자의 쟁의행위를 방해하려는 목적으로 제기되는 가압류 등에 대해 개선안을 마련하고 가압류 결정에 신중을 기하겠다는 입장을 밝혔다.

그러나 2013년 11월 29일 경기도 수원지방법원 평택지원은 2009년 쌍용차 대규모 정리해고 당시 노조의 파업과 관련해 파업 참여 노조원 등에게 회사엔 33억 1140만 원, 경찰엔 13억 7천만 원을 배상하라는 판결을 내렸다. 이 판결 이전에 정리해고자와 희망퇴직자, 무급휴직 복직자 154명의 임금·퇴직금·부동산 등에 대해 28억 9천만 원의 가압류를 결정하기도 했다. 배달호 씨가 분신한 뒤 10여 년이 지난 현재까지도 헌법, 노동조합 및 노사관계조정법에 의해 보장되는 단체교섭·쟁의행위에 대해 사 쪽의 손해배상 청구와 가압류 신청이라는 탄압은 계속되고 있다. 쉽게 사 쪽의 손을 들어주는, 결과적으로 노동 3권을 무력화하는 법원의 태도도 여전한 것이다.

두산중공업 노동자 배달호 열사는 평소 '호루라기 아저씨'로 불렸다. 노조 집회가 있을 때마다 호루라기를 불며 참여를 독려했기 때문이다. 그래서 노래패 꽃다지는 배달호 열사의 추모곡 제목을 '호각'이라고 지었다. 고인은 분신하기 하루 전날 퇴근하면서 수도꼭지를 사갖고 돌아와 고장난 수도꼭지를 교체한 뒤 아내에게 봉투 겉면에 '배달호 45만 원'이라고 써서 주었다. 추모곡 가사를 옮기며 고인이 처했던 상황과 마음과 슬픔을 생각한다.

호각

새벽 흐린 광장에 그대 홀로 서 있네
오십 평생 일해온 지난 시절의 기억
한 번도 놓지 않은 호각을 입에 물고
다시 한번 부르네 새벽 어둠을 넘어

숨막히는 작업장 아무 대답도 없네
싸움은 지쳐가고 분노마저 사라져
무너진 현장 위로 조여오는 칼날뿐
닫힌 나의 가슴은 숨을 쉴 수가 없네

길게 우는 호각 소리 깊은 잠을 깨우네
침묵하는 공장 어디에도 깊은 잠을 깨우네

검게 물든 깃발은 내 가슴을 흔드네

천둥 같던 그대의 호각 소리 들리네

세상은 그대론데 주저할 게 무언가

그대 호각을 이제 내가 입에 물고서

길게 우는 호각 소리 깊은 잠을 깨우네

침묵하는 공장 어디에도 깊은 잠을 깨우네

박갑주

고통의
진실조차 알 수 없는
의료분쟁

한 소녀가 전신마취를 하고 턱뼈와 광대뼈 축소술을 받던 중 뇌출혈로 식물인간이 되는 의료사고가 발생하였다(소녀는 오랜 후에 회복을 조금 하긴 하였으나 유아기를 벗어나지 못하는 수준이어서 의미 있는 회복이라 볼 수 없는 상태이다). 의사는 자신은 잘못이 없다며 불가항력이었다는 설명을 반복하였고, 의사에 대한 업무상 과실치상 혐의도 무혐의 처분을 받아 사실상 의사의 의료과실을 입증하기 어려운 사건이었다. 이 글은 6년여에 걸친 법정 투쟁 끝에 의사의 과실로 뇌골절 사고가 발생하였다는 것을 입증하여 승소하게 된 사건의 기록이다.

2014년 10월 '마왕' 신해철의 죽음은 많은 사람들을 놀라움과 비탄에 빠뜨렸다. 무엇보다 신해철 같은 유명인이 의료사고로 사망한 것에 당황했고 어이없는 의료사고가 신해철을 쓰러뜨린 것에 대한 분노, 신해철 같은 유명인도 이렇게 허망하게 당하는데 일반인은 오죽하겠느냐는 탄식이 흘러나왔다. 그도 그럴 것이 의료사고 피해자가 상당수 존재하고, 많은 피해자들이 제대로 구제받지 못해 그 억울함을 호소하는 것이 현실이기 때문이다. 나 역시 몇 건의 의료소송을 진행했지만 대부분 패소했고, 승소한 경우에도 정말 낙타가 바늘귀에 들어가기보다 어려운 과정을 통한 것이었다.

연예인을 꿈꾸던 열여덟 살 소녀가 있었다. 연예기획사의 권유로 소녀는 성형수술을 받기로 하고, 기획사가 소개한 성형외과에서 수술을 받게 되었다. 2000년 11월 어느 날 오후 3시 소녀는 마취를 하고 하악각(턱뼈) 및 관골(광대뼈) 축소술을 받았다. 오후 4시 45분쯤 마취약 투여를 중단했음에도 소녀는 마취 상태에서 각성되지 못한 채, 저녁 7시 50분 왼쪽 동공이 확대되는 이상 징후를 보였다. 뒤늦게 소녀를 대학병원으로 이송했으나 밤 9시 31분쯤 뇌단층촬영검사 결과 왼쪽 측두 두정엽 주위에 급성 경막외출혈, 왼쪽 전두, 측두 두정엽 부위에 전반적인 뇌경색과 뇌부종, 뇌종창 등이 관찰됐다. 소녀는 의료진으로부터 응급으로 감압개두술(두개골을 열어주는 수술) 및 혈종제거술을 받은 뒤 반혼수 상태에 있다가 최종적으로 식물인간이 되었다.

의료사고 뒤 소녀의 부모는 의사로부터 제대로 된 (도의적) 사과조차 받지 못했고, 자신은 잘못이 없다, 불가항력이었다는 설명을 반복해 들어야 했다. 소녀의 부모는 변호사를 선임해 의사를 형사고소(업무상 과실치상)했으나, 결과는 무혐의였다. 소녀의 최종적인 상태가 의사의 과실에 의한 것이라는 증거가 없다는 판단이었다. 소녀가 의료과실의 피해자라 확신하고 사건을 맡았던 변호사는 무혐의 처분 이후 사임을 해버렸고, 소녀의 부모는 당시 내가 근무하던 법인을 찾아왔다. 변호사 착수금을 낼 돈은 물론 인지대 등의 소송비용도 낼 여력이 없었고, 소녀의 병원 치료비도 감당하지 못하고 있었다. 사건을 맡은 우리는 소송비용도 법원의 소송구조를 받아 마련하고, 때론 사무실에서 부담하며 진행했다. 사건을 마무리하기까지 6년의 시간이 흘렀다. 그 사이 소녀 가족은 많은 것을 잃었다. 치료비로 집을 잃고 친척 집에 더부살이하며 근근이 살아가야 했다. 가장 가슴 아픈 사실은 물리치료를 지속적으로 받으면 상태가 호전될 수 있음에도 치료비가 없어 소녀는 제대로 된 치료를 받지 못했다는 것이다.

민사소송은 소를 제기하는 쪽이 상대방의 잘못을 입증해야만 상대방으로부터 손해배상을 받을 수 있다. 의료과실로 인한 소송도 마찬가지인데, 피해를 주장하는 쪽이 의사의 잘못으로 피해를 입었다는 것을 증명해야 한다. 그런데 의료사고에서 피해 입증은 의사의 진료기록지, 간호기록지에 대한 분석, 대한의사협회 같은 동료 집단인 의사에 의한 감정 등을 통해 이루어진다. 그래서 의사가 진료기록을 위조 또는 가공하기 전에 최대한 빨리 진료기록을 확보하고, 누락된 기록 없이 전체를 확보하는 것이 관건이다. 즉시 형사고소를 하고 압수수색으로 진료기록을 확보해야 하는데, 검찰은 의사의 임의제출을 선호해 이것도 쉽지 않다. 그 진료기록도 알지 못할 의학 용어가 즐비하다. 그 의미를 해석하려면 전직 의사, 간호사 등이 운영하는 의료기록 감정 사무실에 가서 번역해야 한다. 번역된 내용을 봐도 의사가 공인된 의학 지식에 따라 제대로 된 치료를 했는지는 알기 어렵다. 이를 확인하기 위해 대한의사협회 등에 진료기록을 보내 감정을 하는데, 같은 의사들로 구성된 대한의사협회에서 의사에게 과오가 있다는 답변을 받기란 하늘의 별 따기보다 어렵다. 신해철의 경우도 대한의사협회가 소장과 심낭의 천공을 의료과실로 단정할 수 없다는 감정 결과를 회신해 '가재는 게 편'이라는 비난이 일고 있다.

이처럼 의료소송은 이미 기울어진 운동장에서 시작될 수밖에 없는 싸움이다. 고도의 의학적 지식으로 무장한 의사를 상대로 의학적 과실을 증명해야 하는 싸움. 그 증명마저 같은 집단인 의사의 힘을 빌려야 하는 싸움. 돈과 시간이 없으면 할 수 없는 싸움. 이 싸움에서 이긴다는 것은 신화나 전설에 나오는 것처럼 먼 이야기일 수밖에 없다.

소녀의 경우도 대한의사협회 등의 진료기록 감정 결과는 의사의 잘못이 아닌 원인 불명 또는 소녀의 혈관이 선천성 기형일 것이라는 추측이었다. 참으로 이상한 것은, 경막외출혈의 주된 원인은 외부 충격에 의한 것으로 뇌골절, 출혈 이런 경로를 거치는데, 소녀에게서는 기록상 뇌골절(외부 충격의 결정적 증거)이 발견되지 않았다. 이 때문에 소녀에게 선천적 혈관 기형 가능성

1. 권익징선은 계속된다

이 있다는 것으로 1심 판결이 선고됐다. 2심 재판에서 고심 끝에 소녀를 치료한 다른 병원, 소녀가 승소하면 승소금으로 치료비를 받기로 한 병원을 움직여보기로 했다. 밀린 치료비를 받아야 했던 병원은 소녀가 패소할 이유가 없다면서 비공식적으로 도움을 주겠다고 했고, 병원을 다시 찾아가 함께 기록을 뒤졌다. 분명히 뇌골절 관련 기록이 있을 것이라고 했다. 결국 우리는 병원을 뒤져 꽁꽁 숨겨져 있던 골절 기록을 찾아냈다. 그 기록을 바탕으로 다시 의사를 형사고소했고, 6년 만에 우리는 승소의 기쁨을 맛볼 수 있었다. '하얀 거탑'을 무너뜨리는 환호의 순간이었으나, 6년 동안 환자와 그 가족이 겪은 고통, 앞으로 겪을 고통에 비하면 결코 크다고 할 수 없는 승소였다.

의료소송 과정에서 환자들의 억울함을 접하면서도 나는 균형 잡힌 생각을 하고 싶었다. 의사의 진료대 위에서 발생한 사고라고 하여 모두 의사가 책임져야 한다는 생각은 위험하다. 의사라는 직업은 그 자체로 위험을 내포하고 있다. 사람의 생명을 다루는 직업인 만큼 죽음도 항상 가까이 있다. 모든 의학적 노력을 다했으나 의사의 힘으로는 어쩔 수 없는 불가해한 사고도 많을 것이다. 그 모든 책임을 의사에게 물을 수는 없는 일이다.

지금의 문제는 환자가 의료 과정, 또는 사고에 대한 충분한 설명과 정보를 제공받지 못한 채, 환자가 모든 증명의 책임까지 떠안고 그 증명조차 믿을 수 없는 의사의 권위에 기대야 하는 불공정한 시스템에 있다. 룰이 공정해야 승복하고 납득할 수 있는데 지금의 룰은 억울한 사람만을 양산하고, 극소수의 성공한 사람조차 충분한 피해 배상을 받지 못했다고 생각한다.

심지어 사과조차 하기 어렵게 만드는 시스템이다. 의사는 자신의 사과가 바로 과실을 인정하는 것으로 비칠까 도의적인 사과조차 하지 못한다. 환자와 그 가족은 최소한의 인간적인 위로조차 받지 못하는 것이다. 과실 없음에 대한 입증 책임을 의사에게 부여하고(입증 책임의 전환), 의료과실에 대한 배상보험제도(교통사고 관련 책임보험처럼)를 활성화(또는 의무화)해 의료사고가 나는 경우에도 의사들이 과도한 배상의 짐을 벗을 수 있는 제도를 마련하는 것이 필요하다. 이러한 제도가 마련되고 효율적으로 운영되면 의료분쟁조정제도도 활성화되리라고 생각한다. 현재의 불공정한 룰에서는 의료분쟁조정제도는 유명무실할 수밖에 없다.

소녀의 가족에게 가장 큰 고통은 진실을 알 수 없다는 거였다. 왜 죽었는지, 왜 식물인간이 되었는지, 진실만이 가장 큰 위로요 배상이다. 이것이 의료분쟁 시스템의 변화가 필요한 가장 중요한 이유다.

🔒 김수정

2

나는 그렇게 생각하지 않습니다

나는
나를 파괴할
권리가 있다?

필자는 대마흡연자를 변호하면서 마약공급자 등에 대해서는 엄벌해야 하지만, 복용자에 대해서는 관용이 필요하다는 평소 생각을 확고히 하게 되었다. 특히 대마의 경우에는 세계보건기구에서도 담배보다도 중독성이 약한 물질로 분류되어 있고, 일부 유럽 국가 등에서는 단순 복용하거나 소지할 경우는 처벌하지 않고 있으며, 심지어 합법화한 나라도 있고, 인도에서는 심신수련의 한 수단으로 사용하기도 한다. 또한 기타 다른 마약에 대해서도 단순 사용자에 대한 비범죄화 논의가 활발하다.

이런 세계적인 추세에도 불구하고, 우리나라에서는 대마흡연자 등 마약 복용자에 대한 사회적 시선과 형사적·정책적 접근이 여전히 너무 가혹하다. 문제가 된 연예인의 경우 여전히 수년간 생활의 터전인 연예계에서 퇴출되는 등의 가혹한 형벌을 받고 있다. 불법 마약의 제조와 유통은 발본색원해야겠지만, 현실의 고단함의 도피처로 마약을 선택한 이들에 대하여 특히 치유와 사회복귀의 관점이 절실하다.

얼마 전 프로포폴 투약 혐의로 여러 연예인들의 이름이 언론에 오르내린다. 큰 사회적 범죄를 저지른 양 고개를 푹 숙인 그들의 모습을 보면서 문득 몇 년 전 변호를 맡았던 사건이 떠올랐다.

당시 나는 대마 흡연 혐의로 기소된 가수를 변호했다. 그는 유명한 가수는 아니었지만 이른바 언더에서는 나름대로 명성이 있는 그룹의 보컬이었고, 국내보다는 국외에 더 잘 알려진 가수였다. 어느 날 우리 사무실에 불쑥 나타난 그는 컬러풀한 남미 스타일의 의상과 길게 땋아내린 레게 머리, 그 위에 멋스럽게 올린 니트 모자 차림을 하고 있었다. 레게의 전설 밥 말리를 연상시키는 그의 의상과 외모는 내 관심을 끌기에 충분했다. 무엇보다 늘씬하게 마른 몸매에 작은 얼굴, 반짝이는 눈과 멋진 보이스. 나는 내심으로 외모뿐 아니라 그의 정신과 노래도 밥 말리를 닮았다면 죄목이 무엇이든 그는 무죄일 것이라고 단정지어버렸다.

그는 대마 흡연과 엑스터시 복용 혐의로 기소된 상태였는데, 대마 흡연은 인정했으나 엑스터시의 경우 복용한 적이 없다, 모르고 먹은 약이 있다면 일본 연주 여행 중 두통약으로 받아먹은 것이 있을 뿐이라며 억울함을 호소했다. 그는 유명한 가수가 아니었는데도 어느새 대마 흡연으로 재판을 받는다는 소문이 퍼져 예약된 공연·녹음 등이 취소되어 상당한 어려움을 겪고 있다고 했다. 돈을 벌지 못하는 것도 문제였지만 노래를 부를 터전이 사라지는 데 대한 두려움과 고통이 컸다.

수사기록을 보니 머리카락 검사 등에서 대마와 엑스터시 성분이 모두 검출되어 엑스터시 복용 자체를 부인하기는 어려운 상황이었다. 변론은 엑스터시 성분이 검출되긴 했으나 알고 복용한 적이 없으며 모르고 먹었을 수는 있다는 점과, 무엇보다 범죄 사실이 특정되지 않았다는 점에 초점을 두었다. 범죄 사실이

육하원칙에 맞게 특정되어야만 피고인은 그에 맞춰 검사가 주장하는 범행 일시에 자신의 알리바이 등을 입증해 무죄를 주장할 수 있다. 해당 사건에서는 범행 일시가 너무 광범위하고(무려 6개월 전 어느 날이었다), 범행 장소와 방법도 특정되지 않은 상태였다.

첫 재판 기일, 나는 그에게 복장을 단정히 하고 올 것(레게 복장을 하지 말고 특히 모자를 벗어야 한다는 점을 주의 줌)을 당부했다. 재판 당일 법정 앞에서 만난 그는 너무도 단정한 복장을 하고 와서 나를 놀라게 했다. 하늘색의 구식 공단으로 만든, 발등까지 내려오는 긴 두루마기를 입고 나타난 그, 순간 나는 그냥 웃으며 "복장 단정하시네요"(속으로는 '그렇다고 한복을, 그것도 촌스런 한복을 입고 오면 어떡해요!')라고 할 뿐이었다. 그가 법정에 들어서자 여기저기서 킥킥대는 소리가 들렸다. 나는 혹여 그의 복장이 법정에 대한 반항으로 보일까 노심초사하며 변론을 시작했다. 마약(복용자) 비범죄화와 관련 한 각국의 예와 각종 논문을 찾아 제출하며 열심히 싸웠다.

검사는 최후 논고에서 피고인이 사회질서를 해치는 중대 범죄를 저질렀다며 징역 2년을 구형했다. 검사의 최후 논고는 너무도 결의에 찬 것이었다. 그걸 듣는 순간 나는 화가 나서 얼굴이 확 달아올랐다. 검사는 바로 앞선 사건에서 타인에게 중상해를 입힌 다른 피고인에게 고작 징역 1년을 구형했다. 그런데 그 누구에게도 피해를 준 적이 없고, 다만 대마를 복용해 자신의 몸에 해를 가했을 뿐인 내 피고인에게는 사회질서를 해치는 중대 범죄를 저질렀다며 징역 2년을 구형하다니 상식적으로 도저히 이해할 수 없었다.

나는 벌떡 일어나 부르르 떨며 도대체 내 피고인이 중상해를 입힌 사람보다 더 큰 죄를 저질렀다는 것이 말이 되느냐며 너무나 감정적으로 변호사답지 않은 변론을 하고 말았다. 변론이 끝난 뒤 공단 두루마기를 입은 그가 수줍은 듯 "변호사님 고생하셨습니다." 하며 레게식 허그를 할 때 변론이 성공하리라 확신했다. 결국 엑스터시 복용 혐의는 범죄 사실을 특정하지 못했다 하여 공소기각으로 끝났다.

그를 변론하기 전에도 가지고 있던 생각이지만 그를 변론하며 더욱 확실해진 생각은 이른바 마약공급자가 아닌 마약 복용·흡연자에게는 처벌보다 비범죄화 등 치유와 사회 복귀의 관점에서 관용이 필요하다는 것이다. 유명 연예인들이 대마 등을 흡연했을 때 누구에게 피해를 준 것도, 흉악 범죄를 저지른 것도 아닌데 형사처벌과 더불어 그보다 더한 사회적 처벌을 받는 것이 이상했다. 〈슬픔이여 안녕〉의 작가 프랑수아즈 사강도 마약 복용 혐의로 재판을 받으며 "남에게 피해를 주지 않는 한 나는 나를 파괴할 권리가 있다."고 하지 않았는가. 특히 대마는 세계

　　　　　　　　　　　　　　　2. 나는 그렇게 생각하지 않습니다

보건기구(WHO)에서도 담배보다 중독성이 약한 물질로 분류되어 있고, 일부 유럽 국가에서는 단순 복용·소지의 경우에는 처벌하지 않으며, 심지어 합법화한 나라도 있고, 인도에서는 심신 수련의 한 수단으로 사용하기도 한다. 다른 마약에 대해서도 단순 사용자에 대한 비범죄화 논의가 활발하며, 더 나아가 국가의 엄격한 관리하에 마약 사용을 허하는 것이 현재의 불법적 마약 유통을 막고 순도 낮은 마약의 복용과 중독으로부터 국민의 건강을 지키는 방법이라는 논의도 진행되고 있다.

이런 세계적인 추세에도 우리나라에서 대마 흡연자 등 마약 복용자에 대한 사회적 시선과 형사적·정책적 접근은 너무 가혹하다. 문제가 된 연예인의 경우 여전히 수년간 생활의 터전인 연예계에서 퇴출되는 등 혹독한 형벌을 받고 있다. 최근 불법 마약 제조와 유통의 확산으로 마약이 사회취약계층에까지 광범위하게 퍼지고 있다는 소식도 들려온다. 불법 마약의 제조와 유통은 발본색원해야겠지만 현실의 고단함의 도피처로 마약을 선택한 이들에 대해 특히 치유와 사회 복귀의 관점이 절실하다.

마약 복용을 합법화하자는 주장을 하려는 것은 아니다. 합법화가 바람직하다고 생각하지도 않는다. 다만 마약 복용에 대한 지나친 단죄는 그들이 한 행위의 대가라고 보기에는 너무 심해, 금기에 도전한 데 대한 괘씸죄로 취급되는 것이라는 생각이 든다. 오죽하면 대마가 저항의 상징이 됐으며, 비틀스 같은 전설적 가수마저 노래 가사에 숨겨 이를 비웃었겠는가. 그들의 아름다운 노래 〈루시 인 더 스카이 위드 다이아몬드〉에.

정기적으로 소변검사를 받으며 지내야 하는 처지가 됐지만, 그는 이제 더 이상 날 찾지 않는다. 재범하지 않고 잘 지내는 것이리라. 그에게 대마 흡연의 대가는 컸다. 노래 부를 터전을 회복하는 데도 상당한 시간이 필요했고, 정신적 충격을 회복하는 데는 더 많은 시간이 필요했으리라. 힘든 시간을 보냈지만 다시 대마에 기대지 아니한 그에게 박수를 보내고 싶다.

🔒 김수정

그들의 죄는
'열차사고방지죄'

보수품 유용의 문제를 제기한 검수원 5명 중 3명은 파면 처분을, 2명은 감봉 3월과 전보 처분을 당했다. 징계가 이루어진 경위와 배경을 보면 보수품 유용 문제를 언론에 제보한 것이 그 이유인데, 철도청은 형식적으로 노조 활동과 관련한 사건들을 징계 사유로 제시했다. 소청심사에서 '파면'이 '해임'으로 변경되었다.

검수원들 모두 행정소송을 제기했는데, 징계가 공익제보에 대한 보복인지 여부가 주된 쟁점으로 다루어졌다. 그런데 1심 법원은 이에 대하여 별도로 판단을 하지 않고, 형식적인 징계 사유만 가지고 해임처분을 받은 2명에 대해서만 취소 판결을 하였다. 1심 판결 직후 검수원 한 분이 자살로 생을 마감했다. 그러나 항소심인 서울고등법원은 공익제보를 징계의 실질적인 이유로 보고 해임처분을 취소하였다. 하지만 대법원은 징계의 실질적인 이유를 고려하지 않고 1심과 같이 판단하여 항소심 판결을 파기하여 서울고등법원으로 돌려 보냈고, 서울고등법원은 결국 검수원의 청구를 기각하였다.

전직 미국 중앙정보국(CIA) 직원 에드워드 스노든이 그동안 베일에 싸여 있어 외부에서는 알 수 없던 대규모 감시 프로그램을 영국《가디언》을 통해 공개했다. 그러나 그는 망명지를 찾아 떠도는 신세가 됐고, 러시아에서 임시 망명 허가를 받았다고 한다.

2013년 6월 14일 국가정보원의 선거 개입과 관련해 원세훈·김용판이 기소됐다. 사건 자체가 묻히거나 몇몇 국정원 말단 직원들에 대한 처벌로 그쳤을지 모를 이 사건이 원세훈에 대한 기소로 이어질 수 있었던 결정적인 이유는, 모든 국민에게 알려진 '심리전단의 조직·활동 내용'과 '원장 지시·강조 말씀'이라는 국정원 내부 문건일 것이다. 그러나 이 문건을 외부에 공개한 혐의로 국정원 직원도 같은 날 기소됐다. 직무상 비밀을 누설했기 때문이란다. 이런 말도 안 되는 문건을 '국정원'의 '직무상 비밀'로 보는 것도 문제지만, 조직 내부의 환부를 드러낸 사람이 도망 다니거나 처벌받는 상황에 놓이는 것은 미국이나 한국이나 마찬가지인가보다.

만약 스노든이나 이 국정원 직원이 없었다면 미국의 감시 프로그램도, 원세훈의 선거 개입도 단순한 소문으로만 떠돌다 묻혔을 것이고, 저들의 침묵의 카르텔은 우리를 계속 비웃고 있었을지 모른다.

이런 일련의 보도를 접하노라면 변호사 1년차 시절 내 어깨를 무겁게 짓누르던 사건이 떠오른다. 승객의 안전에 중요한 역할을 맡고 있는 열차 검수원이던 그들은 당연히 지켜져야 할 철도의 안전 문제를 언론사에 알렸을 뿐이다. 그런데 그들은 이 일로 인해 부당한 징계를 당했고 복직을 위한 법정 싸움을 5년이나 벌여야 했다. 징계를 받아 혼자 동해로 전출되어 가족과 생이별을 강요당한 분은 1심에서의 패소 소식을 듣고 얼마 되지 않아

2. 나는 그렇게 생각하지 않습니다

자살로 자신의 생을 마감했다. 우리 사회가 그들의 행동을 격려하며 감사를 해도 모자랄 판에 너무도 가혹한 결과가 그들을 기다리고 있었다.

열차 바퀴 축에서 열이 심하게 나는 것을 축상 발열이라고 하는데, 그 정도가 지나치면 열차 바퀴에서 불이 나거나 열차가 탈선할 만큼의 대형 사고가 일어날 수 있다고 한다. 그런데 1998년 6~12월 그들이 일하던 차량 사무소에서 새마을호만 18건의 축상 발열이 일어난 것으로 보고됐다. 1998년 12월 12일에는 경북 포항을 떠나 서울로 가던 새마을열차 차량의 차축 3곳에서 화재가 발생했다. 다행히 인명피해는 없었지만, 사고는 어느 정도 예고된 것이었다. 차량 사무소에서 불량 윤활유를 사용하는 바람에 차바퀴와 차축을 연결하는 베어링에 유막이 형성되지 않아 사고가 발생했던 것이다.

문제는 불량 윤활유만이 아니었다. 고장이 나거나 수명이 다한 부속품은 교체를 해야 하는데, 창고에 준비된 부품이 없어 당장 운행하지 않는 다른 차량에서 필요한 부품을 떼내 임시로 사용하는 보수품의 유용이 빈번하게 일어났다. 보수품 유용은 부품의 노후화를 가속화하고 위험률을 높이기 때문에 철도 안전에 심각한 문제가 아닐 수 없다.

그들이 처음부터 언론에 문제를 제기하려던 건 아니다. 노조원이던 그들은 노조를 통해 문제를 해결하고자 했다. 그러나 차

© 연합뉴스

만약 스노든이나 이 국정원 직원이 없었다면 미국의 감
시 프로그램도, 원세훈의 선거 개입도 단순한 소문으로
만 떠돌다 묻혔을 것이고, 저들의 침묵의 카르텔은 우리
를 계속 비웃고 있었을지 모른다.

량 사무소는 그들을 부당하게 전환배치했고, 철도 안전과 관련한 그들의 문제제기는 철저히 외면당했다. 그러다 1998년 12월 12일 포항을 떠나 서울로 가던 새마을열차 차축에서 대형 사고로 이어질 뻔한 화재가 발생했다.

그냥 기다리기에는 어떤 대형 사고가 일어날지 알 수 없는 상황인지라, 검수원들은 1998년 12월 29일 철도노조와 도시연대가 주최한 기자회견에서 축상 발열이 불량 윤활유 때문이라고 폭로했고 언론은 앞다퉈 이를 보도했다. 그리고 1999년 2월 5일 MBC 뉴스가 부품 유용의 문제를 지적했다. 당시 언론에 보도된 횟수를 보면, 이 사건이 국민들에겐 얼마나 큰 관심 사항이었는지 알 수 있다. 감사원 역시 축상 발열의 원인, 철도청의 미흡한 대처, 땜질식 부품 교체 등 검수원들이 제기한 문제가 사실임을 확인해주었다.

그런데 당시 철도청은 MBC 뉴스 방영 직후 노골적으로 이 차량 사무소에 대한 대대적인 감사를 진행하더니, 노조 활동과 관련된 시시콜콜한 이유를 들어 이들을 징계했다. 감사에 착수한 시점도 그렇고 징계 사유 역시 이미 합의해 해결된 내용을 다수 포함하고 있다는 점에서, 누가 봐도 공익제보에 따른 보복임을 충분히 알 수 있었다. 그러나 철도청이 명목적으로는 공익제보가 아닌 다른 사유를 구실로 내세우다보니 징계 사유 하나하나를 가지고 싸울 수밖에 없었다.

그때만큼 미국의 법제가 부러운 적도 없었다. 미국은 1989년 내부고발자보호법(Whistleblower Protection Act of 1989)을 제정했는데, 그 안에는 내부고발이 징계의 여러 요인 가운데 하나라는 점만 입증해도 내부고발자는 보호받을 수 있다는 규정을 두었다. 다행히 한국에서도 1990년대 중반부터 일어난 입법 운동의 결과로 2001년 7월 공익제보자의 신변을 보호하는 법률이 제정됐다. 만약 이 사건이 지금 일어났다면 그들에 대한 징계가 공익제보 때문에 일어난 것으로 추정되어 보호를 받을 가능성이 아주 높아졌을 것이다. 그러나 당시에는 공익제보자에 대한 보호 규정이 없다보니, 법원을 설득하기가 쉽지 않았다.

1심에서 해임 처분을 당한 3명 가운데 2명은 다행히 구제를 받았으나, 공익제보에 앞장선 1명은 패소했다. 철도청은 소송에서 문제의 본질을 숨기기 위해 처음부터 끝까지 치졸한 인신공격으로 일관했다. 그들이 한 일이라고는 시민의 안전을 위해 침묵의 카르텔을 깬 것이 전부인데 말이다. 다행히 항소심 재판부는 이들의 문제제기가 공익적 제보로서 정당하다고 보아 승소 판결을 내렸다. 싸움을 시작한 지 3년 만이다. 3년 동안 겉으로는 담담하게 보였지만 억울하고 분하고 허탈했을 그분들께는 큰 위로가 아닐 수 없었다. 그러나 위로의 시간은 짧았다. 대법원은 항소심 재판을 인정하지 않았고, 해임 당한 한 분은 끝내 소송을 통한 구제를 받지 못했다.

　5년의 힘든 싸움을 마치자 그들을 다시 만날 자신이 없었다. 한동안 이 사건만 생각하면 마음 한쪽이 묵직했다. 나는 제대로 그들의 목소리를 전달했던가, 제대로 그들의 억울함과 아픔에 공감했던가. 해임당한 그분은 지금 어떻게 살고 계실는지… '일터를 잃어버린다는 것은 개인의 기반이 무너지는 것'이라고 말씀하신 것을 기억하는데, 다른 일도 아니고 시민의 안전을 위해 너무나 당연한 것을 이야기했다가 자신의 기반이 무너지는 아픔을 겪었으니 그 억울함을 어떻게 견뎌내셨을까. 이 사건을 늘 마음에 두고 있던 나는 1년의 안식년을 보내고 돌아온 직후에 용기를 내어 연락을 드렸다. 복직을 하여 검수원으로 일하고 계신다는 대답을 듣고 비로소 가슴을 쓸어내릴 수 있었다. 정말 멀고 먼 길을 돌아온 기분이었다.

　그분들께서 이 글을 어디선가 읽고 계실 거라 기대하며 그때 차마 못다 한 이야기를 전하고 싶다. 너무나 부족한 1년차 새내기 변호사를 믿고 큰 고민을 함께 나눠주셔서 정말 고맙습니다. 그리고 먼 길 돌아오시느라 고생 많으셨습니다. 결국에는 당신들께서 승리하셨습니다. 역사는 당신들의 용기를 반드시 기억할 것입니다.

🔒 이상희

나는 왜
총을 들 수 없는가

징병제를 택하고 있는 우리나라에서는 종교적·평화적 양심에 따라 입대를 거부하는 경우에도 병역기피자와 동일하게 취급하여 1년 6개월의 징역형을 선고하고 있다. 국제사회에서는 대체복무제를 도입하여 이들이 총을 들지 않는 다른 방법으로 의무를 수행할 수 있는 방안을 도입하고 있다.

전 세계 양심에 따른 병역거부 투옥자의 95%가 우리나라에 수감 중이며, 유엔인권이사회는 여러 차례 우리나라에 대체복무제 도입을 권고하고 있다. 2015년 7월 헌법재판소는 양심에 따른 병역거부자를 처벌하는 병역법 조항의 위헌여부에 대해 공개변론을 열었고, 이를 계기로 대체복무제 도입에 대한 논의가 다시 시작되고 있다.

얼마 전 17년 만에 반가운 친구들을 만났다. 친구 중 한 명이 미국에서 귀국했다는 소식을 듣고 정말 오랜만에 모이게 되었다. 내게 이 친구들은 특별한 경험과 아픈 상처를 공유하고 있는 귀한 존재들이다. 고백하자면 대학 시절 나는 열혈 운동권이었다. 각자 다른 학교에 다녔고 전혀 모르는 사이였던 우리는 한 장소에 모여 함께 사고를 치고 구속됐다. 우리는 이른바 '시국사범'이었다. 대부분 집행유예로 풀려났는데, 그들을 알게 되고 그들과 친분을 쌓게 된 건 그 이후였다. 구속 당시 경찰은 계속해서 일종의 준법서약서인 반성문을 쓰도록 종용했는데, 우리 학교 쪽 지휘부는 우리에게 빨리 반성문을 쓰고 나와서 투쟁에 합류하라는 방침을 세웠다. 잠깐 고민 끝에 반성문을 썼다. 한 번 쓰고 나니 구속 기간 내내 매일 반성문을 쓰게 했고, 나는 매일 준법을 약속해야 했다. 그 결과 집행유예로 석방될 수 있었다. 종이 한 장에 기록된 나의 반성과 준법 약속은 점점 바윗덩이가 되어 나를 짓눌렀다. 그 일로 나는 꽤 오랫동안 내 자신을 용서하지 못했고, 별거 아니라고 했던 선배들과도 화해하지 못한 채 틈만 나면 트집을 잡고 싸웠다. 그때 비슷한 아픔을 공유하며 함께 아파해준 이들이 바로 그 친구들이었다. 사면복권이 되고 민주화운동으로 인정받았다는 소식을 들었지만, 17년 만에 만나서도 우리는 아직 그때의 일을 아프게 이야기했다. 우리가 평생토록 해야 할 이야기.

내가 굳이 나의 부끄러운 이야기를 끄집어낸 것은, 이 부끄러운 경험이 이끌어준 양심적 병역거부에 대한 변론 이야기를 하고자 함이다. '양심적 병역거부' 하면 이제 모르는 사람이 없을 정도이지만 널리 알려지기 시작한 것은 10년 남짓이다. 나는 변호사 1년차 시절부터 지금까지 양심적 병역거부자를 변론해왔고 대체복무제 도입을 위해 힘을 보태왔다. 양심적 병역거부 문제는 2001년 처음으로 《한겨레21》 지면에서 다뤄지면서 널리 알려졌는데, 나는 같은 사무실에서 일하던 임종인 변호사의 권유로 변론에 뛰어들게 되었다. 양심을 지키려는 자를 돕는 일은, 좀 과장하자면 나에겐 운명이었다.

첫 변론은 군사법원에서였다. 지금은 모두 입대를 거부한 상태에서 병역법 위반으로 민간 법정에서 재판을 받고 있지만, 당시는 입대한 상태에서 집총을 거부해 군사법원에서 항명죄로 처벌받던 시절이었다. 항명죄로 재판을 받으면 어떤 사정도 참작되지 않고 무조건 3년형을 선고받았다. 집총을 거부한 청년들은 대부분 여호와의 증인 신자로서 종교적 양심에 따라 그리 행동한 것이다. 저마다 사연이 있었지만 단 한 명의 사연도 양형에 참작되지 못하고 기계로 찍어내듯 무조건 관행처럼 3년형이 선고됐다. 집총 거부자의 군사재판에 우리 같은 변호사가 변호하러 온 것도 거의 처음인 듯했다.

그들은 처음으로 법정에서 자신이 왜 총을 들 수 없는지에 대해 자기의 이야기를 할 수 있는 기회를 부여받았다. 집총을 거부하던 청년들은 모두 여호와의 증인이라는 공통점이 있었지만 사연은 다양했다. 한 청년은 군에 입대한 뒤 총을 들고 군사훈련을 받은 전력이 있었다. 그로 인해 그의 집총 거부는 훈련이 힘들어 벌인 해프닝쯤으로 취급됐는데, 청년은 총을 들어보고서야 자신이 총을 들 수 없는 사람임을 알았다고 고백했다. 여호와의 증인 신도였지만 조금은 어설픈 신자였던 청년은 3년 동안 감옥에 있을 자신이 없었다. 청년은 자신이 총을 들 수 있을 것이라 여겼고 제대할 때까지만 잘 버티면 된다고 생각했다. 그러나 입대해 집총훈련을 받은 이후부터 그는 자책에 시달렸다. 자신의 내면에 형성된 기독교적 양심을 들여다보게 되었고, 훈련 때마다 죽을 듯한 고통에 시달리며 자신의 양심을 인정하고 집총 거부를 선택하게 되었다.

상식적으로 군사훈련이 힘들다는 이유만으로 이를 피하기 위해 3년의 감옥행이라는 뻔한 선택을 하진 않는다. 3년의 감옥행을 택한 청년의 얼굴은 평온해 보였다. 나는 그의 고통을 이해할 수 있었다. 나 역시 준법 서약을 한 뒤에야 내가 나의 양심을 버린 사실을 깨달았고, 다시 기회가 주어진다면 감옥을 가게 되더라도, 죽더라도 다시는 그런 선택을 하지 않으리라 얼마나 많이 곱씹어봤던가. 한 청년은 자신들은 손가락이 없는 육체적 장애로 총을 들 수 없는 사람과도 같다며 총을 들지 않는 것이 아니라 들 수 없는 사람이라고 했다. 유수의 미국 대학에서 박사 학위를 받고 미국에서 탄탄대로의 앞날이 열려 있던 청년도, 6주간의 군사훈련만 받으면 군의관이 될 수 있던 의사 선생도, 쌍둥이 형이 이미 감옥에 수감 중이던 동생도 모두 똑같이 총을 들 수 없는 사람들이었다.

여호와의 증인이라는 이단에 빠져 판단 능력을 잃어버린 상태에서 벌인 일이라거나, 여호와의 증인 신자인 부모가 어릴 때부터 세뇌를 한 결과라는 편견도 상당히 많았다. 이 때문에 재판장은 청년들에게 지금이라도 마음을 바꾸면 벌을 면해주겠다며 손을 들어보라는 등 법정에서 양심을 바꿀 것을 강요하기도 했다. 우리(변호인단)는 이에 항의하며 변론을 중지하고 법정에서 퇴정한 일도 있었다. 민간 법정에서도 재판 중에 피고인에게 "네 부모가 시킨 게 분명하다."며 방청객 중 그의 부모를 일으켜 세워 모욕을 주기도 했다.

나는 예비군 훈련 거부자도 변호했는데, 어떤 면에서는 그들에 대한 처벌이 더 가혹했다. 한 청년은 이미 병역을 마친 상태에서 종교를 갖게 되어 예비군 훈련을 거부하게 됐는데, 예비군 훈련 때마다 훈련을 거부해 수십 차례 기소됐고 그때마다 선고받은 벌금만 해도 감당하기 힘들 정도였다. 훈련 거부가 계속되니 벌금형이 아닌 징역형이 선고되어 1년이나 징역살이했고, 징역살이 뒤에도 예비군 훈련 거부는 계속되니 또다시 벌금형이 반복됐다. 재판부조차 안타까움을 감추지 못했다. 도대체 답이 없는 재판의 답답함에 나는 그분에게 차라리 망명을 하라고 하소연하기도 했다.

양심적 병역거부 변론을 하면서 "병역거부자의 양심만 양심이냐, 군에 가는 사람은 뭐냐?"라는 이야기를 많이 들었다. 양심적 병역거부라는 용어 때문에 나오는 오해인데, '나의 양심에 따른 병역거부'라고 하면 더 정확한 용어일 것이다. 군대에 가

전쟁저항자들인터내셔널
War Resisters' International

양심은 감옥에
가둘 수없다

국제앰네스티

커넥션
Connection e.V

전쟁없는세상

CANADA
Belgium
Italy
Columbia
GERMANY
Ecuador
India
FRANCE
Mexico
AUSTRALIA
USA
PuertoRico
UK
FINLAND
Spain
Austria
Philippines
CHILE
Palestine

전세계 108개 국가에서 8081명의 시민이
제도 도입을 지지하는 서명에 참여했습니다

© 연합뉴스

한 청년은 자신들은 손가락이 없는 육체적 장애로 총을
들 수 없는 사람과도 같다며 총을 들지 않는 것이 아니
라 들 수 없는 사람이라고 했다. 유수의 미국 대학에서
박사 학위를 받고 미국에서 탄탄대로의 앞날이 열려 있
던 청년도, 6주 간의 군사훈련만 받으면 군의관이 될 수
있던 의사 선생도, 쌍둥이 형이 이미 감옥에 수감 중이
던 동생도 모두 똑같이 총을 들 수 없는 사람들이었다.

서 나라를 지키겠다는 사람의 양심도 물론 소중하고, 그 양심으로 인해 처벌을 감내해야 한다면 나는 그 양심을 위해서도 변론할 것이다. 분단국가에서 병역거부 인정은 시기상조라는 말도 많이 듣는데, 그들의 수가 아주 적어 군의 존재를 위협할 정도가 아니라거나, 군사력 비교 등 이런 이야기보다, 병역거부의 역사에 대해 인간에 대해 이야기하고 싶다. 병역거부는 전쟁의 포화 속에서 피어난 꽃과도 같다. 미국의 남북전쟁, 제2차 세계대전 등 전쟁에서 병역을 거부한 많은 이들이 학살당했고, 전쟁 이후 사람들은 전쟁의 교훈을 잊지 않기 위해 양심적 병역거부를 인정하게 되었다. 독일(당시 서독)은 동독과 서독으로 분단된 상황이었음에도 아예 헌법에 이를 명문으로 새겨넣었다. 전쟁의 위협 속에서도 잊지 말아야 할 평화의 교훈이었던 것이다.

아직까지 대체복무제가 도입되지 않고 병역거부자는 여전히 감옥에 가고 있지만, 처음 변론을 시작했을 때와는 달리 이해와 관용의 소리가 많이 들린다. 여호와의 증인뿐 아니라 평화와 전쟁 반대의 신념에 따른 병역거부자의 등장으로 더 이상 한 종교 집단만의 문제로 치부되지 않게 되었다. 눈에 보이지 않는 양심까지 관용하고 포용하게 된다면 우리 사회의 인권 수준은 한 차원 성장하게 될 것이라고 확신한다. 나는 변론을 하며 그들을 질투하고, 부러워했다. 그리고 상처도 많이 아물어 이렇게 글로 쓸

정도가 되었다. 이제는 정말 100% 패소의 오명에서 벗어나 승

소로 보답하고 싶다.

🔓 김수정

2. 나는 그렇게 생각하지 않습니다

피해자 엄마가 패륜 엄마가 되는 희한한 둔갑술

2012년 여름 막바지에 나주에서는 집에 있는 어린아이를 안고 나와 성폭행한 뒤 죽은 줄 알고 강둑에 버린 끔찍한 사건이 있었다. 범인은 비난 받아 마땅한 자였다. 사람들의 분노와 관심이 컸던 만큼 언론은 이 사건의 세세한 부분까지 보도하였다. 급기야는 피해자 집의 내부를 공개하고 피해 아이 아빠와 엄마가 평소 처신이 좋지 않았음을 탓하는 기사들을 마구 쏟아내었다. 마치 사고의 원인이 그 부모에게 있다는 듯이.

2015년 중순 언론사들을 상대로 한 손해배상 소송이 최종 확정되어 피해자 가족들은 일부 금전적 위로를 받게 되었다. 하지만 사람들의 관심만을 쫓는 언론 보도로 인하여 성폭력 피해 가정은 평생 씻을 수 없는 깊은 상처를 다시 받았다.

어릴 적 TV 방송에서 하는 말을 듣거나 신문에 적혀 있는 글을 보면, 그 말들이 전부 진짜인 줄 알았다. 언론이 '거짓말'을 하지는 않을 것으로 믿었고, 또 '사실인지' 확인도 안 하고 보도할 것이라고는 생각도 하지 않았다. 그러나 언제부터인지 그 믿음은 위태로워졌고, 이제는 의심부터 하게 된다. 솔직히 믿음이 더 가는 언론이 있고 덜 가는 언론이 있고, 그렇게 구별짓게 되었다. 매년 '언론 신뢰도 조사' 같은 것을 하는 걸 보니 나만 그런 것은 아닌 듯하다.

하지만 고개를 갸웃거리면서도 대개는 언론에 의존하기 마련이다. 기자들은 발로 뛰어 많은 사람들을 만나지 않는가. 현장에 가서 그 생생함을 직접 겪어서 쓰지 않겠는가. 이런 기본적인 신뢰를 가지고 기사를 따라 읽다보면, 기사의 보이지 않는 주장과 논조에 나도 모르게 동조하게 된다. 특히 큰 사건이 터지면 언론은 많은 기사를 쏟아낸다. 범인이나 책임자를 강하게 비판하고 피해자의 피해를 더욱 강조한다. 읽는 사람 입장에서는 피해가 클수록, 피해자의 입장에 깊이 공감할수록 가해자를 미워하는 마음이 더욱 커지게 된다. 그 미움은 때로는 이성을 마비시키기도 하고, 때로는 사회의 긍정적 변화를 만들어내는 에너지가 되기도 한다.

그런데 피해자의 피해를 강조하는 과정에서 언론 기사가 피해자 또는 그 가족에게 또 다른 상처를 입히기도 한다. 재작년, 그러니까 2012년 늦여름, 안철수 씨의 대선 출마 소식으로 연일 시끄럽던 그즈음, 딱 일주일 동안 대부분의 언론이 한 사건에 집중했다. '나주 어린이 성폭행 사건'이라고 불리던 아동 성폭행 사건이 그것이었다.

어린 학생을 성폭행하고 심지어 죽이려고까지 한 사실이 밝혀지면서 모든 국민의 공분을 샀던 사건이다. 특히 집 안에 있던 아이를 안고 나와 저지른 범행이어서 충격은 더했다. 언론은 앞다퉈 사건 경위를 보도했다. 이웃 주민과 동네 PC방 아저씨까지 모두 취재원이 되어 한마디씩 했다. 경찰이 기자들에게 흘리는 얘기는 곧바로 기사화되었다. 특히 몇몇 언론은 "범인과 피해 학생 엄마는 둘 다 게임중독이었고, PC방에서 만나 잘 알고 지내는 사이였다." "아이 엄마는 가출을 일삼았다." "아이를 들고 나갈 때 아이 아빠는 술에 취해 곯아떨어져 있었다."라고 본인들에게 확인도 하지 않은 사실을 마구 보도했다. 피해 학생의 부모가 "성폭행 사건의 원인을 제공했다."는 취지였다. 그러고는 범행 경로를 알린다는 이유로 피해 학생의 '집 위치'를 지도 형태로 공개했다. 피해 학생의 일기장도 입수해 공개했다. 병실에 몰래 들어가 카메라를 들이댄 뒤 상처 입은 어린아이의 얼굴도, 상처 부위도 공개했다. 실로 많은 것이 공개되었다.

당시 언론 보도를 접하고는 많은 국민이 범인에 대해 분노했다. 그리고 범인에 대한 분노가 깊어질수록 부모에 대한 질타도 거세졌다. 구호단체는 피해 학생과 그 가족의 회복을 위해 성금을 모금해놓고도, 돈을 받게 될 부모를 믿지 못하겠다는 태도를 보였다고 한다. 인터넷에는 "아이 엄마가 성금 1억 원을 들고 도망갔다."는 식의 얘기가 떠돌았다. 아이 엄마는 그런 글을 올린 사람을 명예훼손으로 고소했다. 글 올린 이가 실제 사정 얘기를 전해듣고는 "같은 엄마라서 피해자분 마음을 알고 있다고 생각했지만 착각이었다." "진실을 알지 못한 채 찢겨지고 상처 난 가슴에 소금까지 뿌리는 죄를 지었다."는 진심 어린 장문의 편지를 보내오자 그를 용서해 고소를 취소했다. 그 글을 쓴 사람 역시 두 딸의 평범한 엄마였다.

피해자 가족은 살던 동네에 계속 살 수도 없었다. 모든 주변 사람들이 가족을 알아볼 것 같았다. 멀리 다른 지역으로 이사했다. 남매는 새로운 학교를 다녔다. 그런데 참 우연히도 이전 동네에 살던 한 학생이 피해 학생의 언니와 한 반이 되었다. 어느 날 피해 학생의 언니는 그 친구로부터 "너 까불면 나주에서 있었던 너네 사건, 친구들에게 말할 거야."라는 얘기를 듣게 되었다. 피해 학생의 언니는 너무나 두려웠다고 한다.

피해 학생과 그 가족은 몇몇 언론을 상대로 피해의 배상을 구하는 소송을 냈다. 얼마 전 1심 법원은 피고가 된 언론사에 "피해 학생 본인과 가족에게 손해를 배상하라."는 판결을 선고했다. '피해 아이 엄마가 게임중독'이라든가, '아빠가 술을 많이 마시는 사람'이라든가 하는 보도 내용이 '공공의 이해에 관한 사항이라고 볼 수 없는데도 이를 보도해 부모의 명예를 훼손'했고, '집 위치, 집안 내부, 상처 부위 등을 공개한 것은 가족의 사생활에 관한 권리를 침해한 것'이라는 것이 주요 판결 이유였다. 일부 언론사에 대한 판결은 그대로 확정되었고, 또 다른 언론사는 항소해 항소심에서의 법정 다툼이 예정되어 있다.

2. 나는 그렇게 생각하지 않습니다

이 소송이 시작되기 전인 2012년 12월 한국기자협회는 국가 인권위원회와 공동으로 '성폭력 범죄보도 세부 권고기준'을 마련했다. 언론의 과열 경쟁으로 성폭력 피해자 가족이 받은 '2차 피해'의 심각성을 깨닫고, 그와 같은 피해가 되풀이되지 않도록 자체 보도기준을 마련한 것이다. 이 성폭행 사건 이후 피해 학생과 온 가족은 정신과 치료를 받아야 했다. 하지만 여전히 가족은 서로에게 날카로운 가시가 되어 있다고 했다. 힘들어하는 가족을 건사해야 하는 엄마는 소송 전에 이런 말을 했다. "언론으로부터 진심 어린 사과를 듣고 싶다."고. 법원의 1심 판결이 있었지만 아직 언론은 가족을 찾아와 사과하지 않았다. 자신을 '패륜 엄마'라 비방하던 또 다른 엄마를 용서했어도, 상처는 여전히 남아 있다. 과연 이 가족의 피해는 멈춰설 수 있을까. 그들의 상처는 아물 수 있을까.

요즘 세월호 참사로 온 국민이 슬픔에 빠져 있다. 이 커다란 비극 가운데에서도, 언론 보도로 피해를 받는 사람이 또다시 생겨나고 있다. 부디 언론이 상처받은 자들에게 진심으로 '공감'하길 바랄 뿐이다.

🔒 류신환

의뢰인은
철썩같이 믿게 되는
'전관예우'의 그늘

보통 사람들은 법원과 검찰에서 사건을 다룰 때 정의의 기준만을 엄격하게 적용한다고 생각하지 않는다. 사법도 사람이 하는 일이므로 '예전에 함께 일하던 법원, 검찰 동료', '친한 학교동창', '연수원 동기' 등의 '관계'에 따라 결론이 달라진다고 믿는다. 의뢰인이 이러한 이유로 변호사들을 찾아오면 변호사들은 굳이 거절하지 않는다. 아니 오히려 '동기들이 부장판사, 부장검사 할 때 돈 좀 벌어야지.'라고 생각하는 경우가 많다.

하지만 '관계'에 따라 문제가 해결되는 경우는 사실 그리 많지 않다. 변호사들도 이를 뻔히 알면서도 프리미엄을 얹어 수임료를 받는다. 사람들은 '정의의 사법부'를 점점 더 불신하게 된다. 이러한 '불신'은 법원, 검찰, 변호사 업계에 속한 사람들이 스스로 자초한 일이다. 그 순환 고리를 끊어내기 위한 실천들이 차곡차곡 쌓여가길 바라는 마음이다.

"야, 너 그 판사 잘 알잖아?"

"야, 너 아무개 판사 잘 알지 않아?"

몇 년 전의 일이다. 학교 선배로부터 오랜만의 전화를 받았다.

"예, 그 후배 잘 알죠. 연수원 때 같은 조이기도 했고요. 근데 왜요?"

변호사 생활을 10여 년 하다보니 선배가 전화한 이유를 단번에 알게 된다. 짐짓 모른 척 물어보지만 대답은 예상했던 대로다.

"우리 사무실에서 그 판사 재판부가 진행하는 형사사건을 하고 있는데 너를 공동으로 선임하면 어떨까 해서 말이지."

난 흔히 말하는 '전관' 출신은 아니지만 이런 전화를 종종 받는다. 이렇게 아는 사람에게서 전화가 오는 경우도 있지만 어떤 때는 당사자나 그 가족이 직접 찾아온다. 한번은 어떤 여성이 사무실로 전화해서 날 찾았는데 전혀 모르는 분이었다. 상담을 원해서 만나보니 자기 남편이 구치소에 있단다. 자기는 아무개 변호사에게서 날 추천받아 찾아오게 되었다고 했다. 남편이 사업을 하다 '사기죄'로 구속됐는데 빨리 보석으로 나올 수 있게 도와달라는 거였다. 남편의 급작스러운 구속에 아내는 난감하고 절절한 모습 그대로였다. 그 여자분은 나를 어떻게 소개받았는지 묻는 질문에는 대답을 얼버무렸다. 나도 모르는 변호사에게서 추천을 받았다는 것이 왠지 찝찝했던 나는 담당 판사가 누군지 알아보았다. 잘 아는 대학 선배였다.

"그 양반 성격이 괴팍해서 제가 들어가면 오히려 역효과가 날 거예요."라며 여자분을 떠밀어 보냈다. 사실은 좀 두려웠다. '선임하면 곧 보석이 되겠지.'라고 기대하는 여자분을 기쁘게 해줄 자신이 없었다. 그분은 '사건 및 변론의 내용' 이전에 '관계'를 이용해 문제를 우선 해결하기 바랐을 것이다. 하지만 나와 판사의 '관계' 때문에 그분이 원하는 결과가 나오지는 않을 것으로 생각했다. 이런 경우, 흔한 일은 아니지만 '선임료를 내놓으라.'며 의뢰인이 사무실에서 난동을 피웠다는 얘기도 남의 일 같지만은 않은 것이다.

판사들은 어떻게 생각할까. 재판을 진행하고 있는데 잘 아는 사람이 변호인이라고 등장하면 어떤 기분이 들까 말이다. 뭐 즉각적인 반응이야 반갑기도 할 텐데, 실제 중요한 판단을 해야 하는 순간엔 고심을 할 것이다. '그래, 애매하지만 저 양반 말이 일리가 있는 것 같구먼.'이라고 팔이 굽을 수도 있고, '아, 혹시 의심받을 일을 해서는 안 되니 좀더 엄격하게 대해야겠다.'고 자세를 고쳐잡을 수도 있다. 아니면 '이 순간부터 사건에만 집중해야지.' 하며 중립적으로 냉정을 유지하려고도 할 것이다. 어떤 경우가 많을까. 이 문제를 통계로 잡을 수는 없는 노릇이지만 명백한 것은 하나 있다. 우리 사회에서 사건을 당해 변호사를 필요로 하는 사람들, 그 보통의 의뢰인 중 다수는 '팔이 안으로 굽지 밖으로 굽냐.'고 믿고 있다는 것이다.

그러고는 '전직 판검사', 좀더 범위를 넓히면 '학교 동창, 연수원 동기 등 담당 판검사와 잘 아는 이'를 선임하기 위해 많은 돈을 낼 각오를 하고 찾아다닌다. 피고인을 구명하기 위해 애쓰는 가족에게는 절박하기 이를 데 없는 문제다. 그런데 만약 말이다. '같은 법원 또는 같은 검찰에 근무했던 사람', '담당 판사 또는 검사가 모시던 부장이었던 사람', '대학 동창', '연수원 동기' 등의 관계가 문제 해결에 도움이 되지 않는다면 어찌하는가. 그 가족은 자신이 믿고 있는 것과 다르게, 심하게 말하면 변호사에게 속아서 큰돈을 낸 셈이 아닌가. 의뢰인이 변호사에게 속았는지 속지 않았는지 가려낼 방법은 마땅치 않다. 승패가 명확하지 않은 형사사건에서 재판 결과는 해석하기 나름이기 때문이다. 이 '불명확성'을 이용해 대가 이상의 돈을 버는 변호사가 꽤 있을 것이다. 나뿐만 아니라 모든 변호사에게 그런 유혹이, 그런 기회가 있기 때문이다.

그동안 내가 만나온 판검사들은 "그래 한번 봐줬지."라고 얘기하지 않았다. 또 전관 등에 대해 '특별한 처리'를 하지 않는다고 했다. 그런데 어떤 술자리에서는 "퇴직 뒤 1~2년간 돈을 좀 버는 것이 검사로서는 퇴직금 대신이 아니겠어."라는, 박봉에 시달려온 술 취한 검사의 우스개 가까운 얘기를 듣기도 한다. 이해도 되지만 '저런 기대를 하는 사람이라면 먼저 퇴직한 선배 검사를 봐주지 않겠는가.' 하는 생각이 퍼뜩 든다. 변호사 개업을 한 전직 부장판사가 매년 한두 번씩 '배석모임'이라는 이름으로 후배 판사들에게 비싼 저녁을 사주면서 만나다가, 후배가 형사단독 판사로 발령되자마자 어찌 알았는지 그 재판부 사건에 추가로 공동변호인 선임계를 제출하고 법정에 등장한다. '어? 저 판사는 자기가 모시던 저 부장님을 소홀히 대할 수 있으려나?' 의

심하게 된다. 퇴직한 대법관·검찰총장 등을 비롯한 고위직, 우리나라 사법을 좌지우지하는 듯 보이는 분들이 한 사건에 '억, 억' 하는 수임료를 받았다고 하면, 그분이 그동안 갈고닦은 고도의 법률적 능력으로 제공하는 서비스의 대가 외에 '전관예우'의 대가가 포함되어 있음은 당연한 것이다. 어떤 변호사도 그런 '대가'가 숨어 있음을 모르지 않는다.

이런 장면을 목격한 보통 사람들은 '전관이나 무슨 동기·동창을 찾아나서야 하는 것 아닌가.' '그게 당연한 일 아니냐.'는 생각에서 벗어나기 어려울 것이다. 돈만 있다면 말이다. 변호사들은 이러한 의뢰인의 요구에 맞춰 노력하는 것을 변호사의 '본분'으로 여기기도 한다. 잘나가는 로펌들에서는 온 회사를 뒤져, 진행 사건 재판부 판사와 아는 변호사를 찾아낸 다음 어떻게든 전화 한 통화라도 걸도록 하는 경우도 있다. 영 불편해도 로펌에 소속된 변호사가 이러한 선배, 동료들의 요구를 뿌리치기는 어렵다.

판사, 검사, 변호사 그리고 의뢰인. 누가 먼저 이 순환고리를 끊어내야 할지는 모르겠다. 하지만 각자가 시류에만 편승하면, 눈앞의 이익에만 급급하면 '신뢰'는 땅에 추락할 것이다. 신뢰를 잃은 법조계에서는 어떤 법조인도 자랑스러워하기 어렵고, 행복하지도 않을 것이다. 🔒 류신환

수능시험
문자메시지 부정에서
카톡 사이버망명까지

카카오톡에 대한 수사기관의 무차별적인 압수를 둘러싸고 '사이버망명'
이 유행하였다. 이렇게 이메일이나 인터넷 통신으로 주고받은 대화내용
을 아무렇게나 압수하는 것은 최근의 일만이 아니라, 이미 몇 해 전부터
문제가 되어왔다. 원래 사람들 사이에 주고받는 '통신'은 사생활의 문제
이기도 하기 때문에, 그것에 대해서 압수를 하려면 다른 물건보다 엄격한
요건과 절차에 따라야 하는 것이 원칙이다. 그런데 수사기관은 이메일 등
에 대해 '이미 통신이 끝난 것이니 물건'이라고 하면서, 물건과 같은 방식
으로 압수를 해왔다. 대표적으로 2008년 서울시 교육감 선거에서 정치
자금을 위법한 방법으로 모았다는 혐의로 단체조사를 받게 된 전교조 교
사들의 이메일 압수 사건을 돌아본다.

　　그리 길지 않은 사이버월드 역사에서 2차 '사이버망명' 파
동이 벌어지고 있다고 한다. 1차 파동이 '누리꾼' 부족이 한
(hanmail)나라 이웃(네이버) 마을에서 구글나라 지메일(gmail)시
로 주소를 옮기는 일로 나타났다면, 2차 파동은 '엄지족' 부족이
그들의 인사를 '캐톡'에서 '스바시보 볼쇼이!'로 바꾸는 기이한
모습으로 나타났다.

　　은밀한 사적인 대화까지 공공(사실은 공공의 적)에 얼마든지

노출될 수 있다고 사람들이 깨닫기 시작한 것은 더 훨씬 전인, 수능시험 부정 사태 때부터였다. 시험장에 손전화를 들고 들어가 정답을 메시지로 보냈던 사람들의 문자 송수신 기록이 공개된 뒤 그동안 이들 부족이 주고받은 대화가 모두 통신회사 서버에 고이 개켜져 있다는 것이 알려지면서, 사람들은 "도대체 누가 그 회사들에 그런 권한을 주었느냐?"고 따져묻기 시작했다. 통신회사는 곧바로 동의하는 사람들의 메시지만 보관하겠다며 사태를 진정시켰고, 대부분의 사람들은 그런 일 따위에 동의하지 않음으로써 겨우겨우 자유로운 대화를 할 수 있었다(고 믿었다). 물론 이렇게 되자 그동안 이혼 소송에서 단골로 등장하던 '불륜 상대와 주고받은 1년치 문자메시지' 증거는 재판소에서 사라졌다.

두 번째 난리는 첫 교육감 선거가 치러진 2008년에 일어났다. 선거 직후, 주경복 후보를 위해 교사 노조가 조직적으로 선거운동을 하고 선거자금을 불법적으로 기부했다는 '불법 선거운동' 재판이 시작됐다. 쟁점은 이 정치자금이 자발적으로 모금된 것인지 단체가 조직적으로 모금한 것인지였는데, '조직적 관여'를 증명하기 위해 검찰은 노조 간부 103명의 전자우편 계정에 대해 그 통신 내역을 압수하기에 이르렀다. 그러자 통신회사들(모두 7개 회사)이 가입시부터 선거 시점까지 모든 전자우편 자료를, 그것도 파일 형태로 통째로 검찰에 넘겨준다. 물론 영장에는 '선거에서 선거자금을 전달한 사실을 확인할 수 있는 이메일 등'이라고 되어 있지만 통신회사들은 '내용을 선별할 수 없다.'는 이유로 결국 해당 시점까지 모든 자료를, 그것도 파일 형태로 넘겨준 것이다. 처음에는 그럴 리가 없다고 생각해서 통신업체에 사실조회까지 해보았는데, 그들이 그렇다고 했다. 정확히 말하면 일부 통신회사는 서버 중 일부를 공유했고, 일부는 검찰 수사관들이 와서 검색해 저장해가도록 했다고 했으나, 이른바 '검색' 과정을 통제하지는 않았기 때문에 원하는 경우 모든 전자우편을 저장해갈 수 있었다. 결국 재판 중인 피고인뿐 아니라 다른 조합원들까지, 2001년부터 2008년까지 7년 동안의 전자우편을 압수당했고, 검찰은 모두 4만 1,300여 쪽 분량을 받아갔다.

원래 법은 통신의 검열을 금지하며, 우편물의 검열 또는 전기통신에 대한 감청은 일정한 범죄(중한 죄들로 그 범위가 한정되어 있다)를 계획 또는 실행하고 있거나 실행하였다고 의심할 만한 충분한 이유가 있고 다른 방법으로는 그 범죄의 실행을 저지하거나 범인의 체포 또는 증거의 수집이 어려운 경우에 한하여 검사가 법원의 허가를 얻어 할 수 있도록 하고 있다(통신비밀보호법 제5조, 제6조). 문제는 전자우편의 경우 '통신'이 아니라 '물건'이라는 이유로 형사소송법 제106조 '물건'에 대한 압수수색 조항을 적용한다는 데 있다. 서버에 보관된 전자우편에 대한 압수수색은 서버 관리자에게만 통보되고 실제 전자우편을 주고받은 이용자에게는 통보하지 않기 때문에, 이용자들은 자신의 전자우편 서버가 '털린' 사실을 재판에 이르러서나 뒤늦게 알게 된다 (이 난리를 치른 다음 2009년에 새 조항이 도입되어 30일 뒤에 통보하는 것으로 바뀌었다).

이전에도 '전자우편 압수'가 없었던 것은 아니지만, 2008년은 대부분의 국민이 전자우편을 주요한 통신수단으로 사용할 때였고, 이렇게 대규모로 전자우편 압수가 이루어진 적이 없었던지라, 변호인들과 노동조합은 심각하게 반발하며 증거능력을 부인하고 헌법소원까지 제기했다. 서버에 저장되어 있다고는 하나 전자우편은 여전히 '통신'이고 사생활의 비밀 영역에 속하는 것이기 때문에 다른 '물건'과는 달리 엄격한 제한을 통해 압수해야 한다는 취지였다. 적어도 수신자가 아직 확인하지 않은 전자우편은 달리 취급해야 한다는 말도 덧붙였지만, 주된 논지는 "현대에 와서 이메일은 전화 등 통신수단과 그 차별이 없이 이용되고 있고, 사생활의 깊숙한 내용을 담고 있을뿐더러, 그 비밀의 보장은 프라이버시권의 핵심적인 내용에 해당한다."는 것이었다. 헌법소원 자체는 형식적 이유로 각하됐고(형사소송법상 준항고에 의하여야 한다는 취지), 법원은 위법수집 증거라는 항변을 받아들이지 않았으며(1심 법원은 "감청 행위는 통신 행위와 동시에 이루어질 것이 요건이므로 송수신이 완료된 전기통신 내용을 확보하

　　　　　　　　2. 나는 그렇게 생각하지 않습니다

는 방법은 감청영장이 아닌 형사소송법상 압수·수색·검증영장에 의해야 한다."고 그 판단 이유를 밝혔다), 그렇게 압수된 전자우편들은 모두 유죄 인정의 주요한 증거가 되었다. 결국 그 후보는 대법원에서 벌금형을 선고받았지만, 이후 "검찰의 광범위한 압수수색으로 정신적 고통을 입었다."며 국가를 상대로 낸 손해배상청구소송에서는 "압수수색이 위법하니 700만 원을 배상하라."는 판결을 받았다. 법원은 판결문에서 "법원이 발부한 영장에서 전자우편의 송수신 기간을 특정하지는 않았지만, 검사는 이를 집행하며 적정한 시간을 정해 범죄 혐의와 명백히 무관한 전자우편을 압수하지 않을 의무가 있다."고 밝혔고, 이 판결은 2013년 11월 15일에 확정됐다.

이러한 사건 진행과는 별개로, 당시 엄청난 양의 전자우편 서버의 열쇠를 통째로 넘긴 국내 통신회사들과는 달리 검사가 압수수색조차 하지 못한 구글메일이 뜻밖의 호황을 누렸다. 가히 1차 사이버망명이라 할 수 있는 '전자우편 바꿔타기'가 유행한 것이다. 그즈음에 일어났던 MBC 작가와 PD들의 전자우편 압수도 한몫했다.

수능시험 부정 사건에서 촉발된 통신회사의 문자메시지 문제는 '국민 메신저 카톡'의 등장으로 다시 원점으로 돌아가 있다. 메시지 보관(저장) 여부 동의를 묻는 통신회사의 일반 문자메시지 서비스와 달리 카톡으로 나눈 대화는 카톡 서버에 저장되고, 어느덧 카톡은 형사사건이라도 될라치면 수사기관이 가장 먼저 뒤져보는 서버가 되었다.

사람들은 이제 더 이상, "대화 메시지를 동의 없이 저장하면 안 된다."거나 "아무 제한 없이 저장된 대화를 수사기관에 넘겨주어서는 안 된다."고 통신회사에 항의하지 않는다. "물건에 대한 영장으로 통신 내용을 압수하는 것은 통신비밀 보호 원칙과 맞지 않는다."면서 검사에게 대들거나 헌법재판을 걸지도 않는다. 그저 조용히 '사이버 국적'을 옮긴다고 한다. 하지만 국적을 다시 옮겨 한 번도 가보지 못한 미국과 러시아의 사이버 시민이 되는 대신, 차라리 나는 계속 외쳐보련다. 어제, 내가 우리 엄마와 나눈 대화는 결코 물건이 아니며, 나는 당신들의 서버에 우리의 대화를 저장할 것을 허용하거나 동의한 적이 없다, 고.

🔒김진

2. 나는 그렇게 생각하지 않습니다

보수적이고
안전한 표절 판결의
허점

필자는 두 권의 장편 역사소설을 출간한 소설가이자 석굴암 연구자인 저자가 1999년에 출간한『석굴암 그 이념과 미학』이라는 서적과 이 서적을 참고하여 쓰여진『재상의 꿈』이라는 소설의 저작권 침해 사건을 담당하였다. 이 서적은 석굴암 창건 배경에 대한 새로운 해석을 담고 있고, 형식적으로도 석굴암 창건이라는 역사적 사실에 대하여 인물, 사건, 배경을 연결하여 서술하는 소설적 구성방식을 가지고 있었으며, 특히 저자는 이 저술을 기반으로 석굴암 창건자인 김대성을 주인공으로 하는 소설을 집필할 예정에 있었다.

이 사건에서 법원은 나중에 출간된 소설이 앞서 출간된『석굴암 그 이념과 미학』을 이용하여 작성되었다고 하더라도, 저작권의 보호대상이 아닌 아이디어를 모방한 것에 불과하고 창작적 표현을 모방하지 않았다고 판단하였다. 결과적으로 먼저 석굴암 창건에 대한 독창적 해석을 제시하였던 저자는 석굴암 창건과 김대성을 주인공으로 하는 소설을 쓰기가 어렵게 되었고, 만일 같은 내용의 소설을 쓴다면 거꾸로 자신이 표절 시비에 휘말릴 수도 있게 되었다.

우리나라 저작권법은 보호 대상으로 삼고 있는 저작물에 대해 '인간의 사상 또는 감정을 표현한 창작물'이라 규정한다. 이에 따라 법의 보호를 받는 저작물이 되려면 '창작성'과 '인간의 사상 또는 감정의 표현'이라는 두 가지 요건을 모두 구비해야 한다.

생각이나 감정의 단순한 표출을 모두 권리로 보호할 수는 없는 노릇이므로 어느 정도의 창작성이 필요한 것도 당연하고, 특히나 외부적·객관적으로 표현되지 않은 내면의 사상이나 감정 그 자체를 보호할 수 없는 것도 당연하다. 이를 '아이디어와 표현의 이분법'이라고 한다. 만일 이러한 규범적 제한 없이 저작물성을 인정하게 된다면 누구나 쉽게 저작권자가 될 수 있고 결국 우열과 승패를 가릴 수 없는 만인 대 만인의 투쟁 사회로 진입하게 될 것이 분명하다. 이렇게 저작물이나 저작권의 개념 자체가 추상적 규범성을 띠다보니 만인 대 만인 정도는 아니지만 분쟁이 발생하는 경우가 잦다. 잦은 발생 빈도에 비춰 사적 자치의 영역에서 스스로 해결되는 분쟁이 거의 없고 최종적인 규범적 해석기관인 법원에 의존하는 경향이 짙어지는 듯하다.

그런데 최근의 저작권 분쟁, 특히 표절을 둘러싼 분쟁을 보면 이러한 규범적 제한과 이에 따른 법원의 해석 등에 대한 학습을 통해 이를 교묘히 피해 나갈 여지가 생기는 게 아닌지 걱정스럽다. 주제와 소재, 주인공, 사건 등 아이디어는 차용하되 표현만 바꾸는 방법으로 말이다.

2014년에 MBC 드라마 〈선덕여왕〉에 대한 대법원 판결이 있었다. 드라마 〈선덕여왕〉이 방영 이전에 창작된 뮤지컬 대본 〈무궁화의 여왕, 선덕〉을 표절했는지를 가리는 사건이었다. 우선 이 사건의 판결이 눈길을 끄는 점은 동일한 사안을 두고 1심, 2심,

3심의 결과가 계속 뒤집혔다는 것이다. 이 사건의 항소심에서는 1심에서 인정하지 않았던 의거관계를 인정하고 전체적 줄거리, 등장인물의 구체적 성격과 역할, 등장인물 사이의 관계, 구체적 줄거리와 사건 전개 과정에서의 실질적 유사성을 인정해 드라마 〈선덕여왕〉의 저작권 침해를 인정했으나, 3심인 대법원에서는 의거관계는 물론 실질적 유사성을 모두 부인했던 것이다.

드라마 〈선덕여왕〉 사건에 대한 대법원 판결 직전에 필자와 동료 변호사가 1심을 담당했던 유사 사건에 대해 대법원의 저작권침해 부인 판결도 있었다. 사실관계는 다르지만 어문저작물로서 장르를 달리하는 표절 시비였다는 점, 부분적 문언적 유사성보다도 포괄적 비문언적 유사성 인정 여부가 문제가 되었다는 점에서 두 사건은 비슷한 점이 많았다. 다만 드라마 〈선덕여왕〉 사건과 달리 이 사건은 1심에서부터 상고심에 이르기까지 원고 쪽이 모두 패소했다.

필자 등이 대리했던 이 사건의 원고는 현직 교사이자 두 권의 장편 역사소설을 출간한 소설가이며 석굴암 연구자로서 다년간의 연구 성과를 집약해 『석굴암 그 이념과 미학』이라는 책을 1999년에 출간했는데, 이 서적은 석굴암이 신라 왕실의 호국 사찰이 아니라 삼국 통일 뒤 백제 유민에 대한 살육 등을 참회하는 김대성의 개인 원찰로 창건된 것이라는 새로운 해석을 담고 있어 출간 당시 언론과 학계의 주목을 받았다. 또한 일반적인 학술

서나 연구서와는 달리 김대성의 석굴암 창건이라는 역사적 사실에 대해 인물·사건·배경을 연결해 서술하는 구성 방식이었다. 특히 저자는 이 저술을 기반으로 석굴암 창건자인 김대성을 주인공으로 하는 소설을 집필할 예정이었다.

그런데 장편소설 1권을 출간한 적이 있는 어느 소설가가 김대성을 주인공으로 하는 소설을 2011년에 출간했다. 소설은 앞서 출간된 원고 저술의 특징적인 해석을 그대로 차용해 소설로 구성했을 뿐만 아니라 소설 '일러두기'에서도 원고의 글이 소설의 모티브가 되었다고 표시까지 했다. 변론에서도 소설을 쓰기 전에 원고의 글을 접한 사실을 인정했다. 한마디로 나중에 출간된 소설은 앞서 출간된 『석굴암 그 이념과 미학』을 적어도 어떤 식으로든 참고한 것이 분명했다. 이렇게 출간된 소설은 베스트셀러가 되지 못하고 사람들에게 알려지지 않았다.

1심 법원에서는 나중에 출간된 소설이 앞서 출간된 『석굴암 그 이념과 미학』에 의거해서 작성된 것으로는 판단했으나, 역사적인 사실 및 김대성 설화에 대한 독창적 해석은 대부분 아이디어에 불과하고 일부 주관적 묘사나 설명은 통상적 표현으로 창작성이 없으며, 일부 창작성이 있는 표현은 다르게 표현되어 결국 실질적 유사성이 인정되지 않는다고 판단했다.

결과가 이렇게 됨으로써 이 사건의 원고는 아이러니하게도 석굴암 창건과 김대성을 주인공으로 하는 소설의 집필이 사실상 불가능해졌을 뿐만 아니라, 자칫 같은 소재와 주제로 소설을 썼다가는 오히려 자신의 저작물을 참고해 작성된 소설의 저작권을 다시 자신이 침해할 수도 있는 위험에 빠지게 되었다.

똑같다고 할 수는 없지만 음악저작물 분야에서는 이러한 '참고'와 '차용'이 매우 빈번하게 일어난다. 어문저작물은 표현 자체가 외부적·객관적으로 표시되므로 표절 시비를 피해가자면 '지난한' 노력이 드는 반면, 음악저작물은 곡을 구성하는 요소(가락·리듬·화성·템포·박자·비트 등)가 많고 이를 자유자재로 다루는 것이 기술적으로 가능해졌기에 훨씬 더 많은 유혹에 시달리게 된다.

음악저작물의 침해 기준에 대한 우리 법원의 판단이 나온 지도 얼마 되지는 않았지만 그 침해를 판단할 때 곡의 구성 요소 중 가락(멜로디)을 가장 중심에 놓고 판단한다. 그런데 가락의 유사성을 중심에 놓고 침해 여부를 판단한다는 것을 인지하고 있는 영악한 차용자들은 당초부터 창작성의 폭이 좁을 수밖에 없는 리듬이나 화성, 템포, 박자 등을 그대로 차용하고 가락만 변조하는 신종 기법을 사용하는 지경에 이르렀다. 곡의 분위기는 비슷하다 못해 같은 곡이라 느껴질 정도인데, 누가 노래를 잘못 불러(아니 잘 불러) 약간씩 다른 음정을 사용하는 느낌이랄까.

하루가 다르게 변화하는 현실을 무시한 채 법원이 법적 안정성에만 방점을 두고 보수적이고 편안한 판결만을 반복하게 된다면 그 위로 뛰고 나는 권리 침해자들을 양산하는 결과가 된다는 것은 이처럼 저작권 분야에서도 예외가 아니다.

🔓 남상철

3

넘어진 사람들의 용감한 외침

스무 살
엄마의 절규

우리나라는 유엔아동권리위원회의 권고를 받아들여 입양허가제를 도입하면서, '입양촉진 등에 관한 특례법'(이하 '구법')을 폐지하고 '입양특례법'을 제정하였다. 과거에는 법원의 허가 없이도 쉽게 입양이 가능했는데, 철저한 검증 없이 진행되는 입양의 폐해로 입양아동의 인권 보호가 문제되었다.

입양특례법은 입양허가제를 도입한 외에도 국내입양 우선의 원칙, 비혼모 입양 시 숙려기간의 도입 등 진일보한 입법이었다. 구법 시행 시에는 법원의 허가 없이도 입양이 가능했기 때문에 많은 아이들이 출생신고조차 되지 못하고 손쉽게 입양되었다. 구법 하에서도 태어난 아이에 대한 출생신고를 하지 않는 것은 불법이었지만, 법원의 허가절차가 없었기 때문에 편법이 가능했던 것이다.

입양특례법 시행 이후 이러한 편법이 어려워져 몰래 아이를 버리는 일이 많아졌다면서 이를 비판하며 입양특례법의 개정을 주장하는 견해가 있기도 하지만, 아동인권의 관점에서 입양특례법은 분명히 진일보한 입법이다. 신분을 감추고 싶어 하는 비혼모 등의 문제는 비혼모 인권을 보장하는 문제로 접근하여 다르게 해결할 수 있는 방안을 찾아야 할 것이다.

6~7년 전 내 사무실로 한 소녀가 찾아왔다. 약속도 없이 갑자기 찾아와서는 큰 눈에서 눈물을 뚝뚝 떨어뜨리며 자신의 아이를 찾아달라고, 도와달라고 매달렸다. 이 홍안의 어린 소녀가 아이 엄마라니, 자신의 아이를 찾아달라니 당황스러웠다. 그녀는 이제 갓 스무 살이었고, 열아홉 살의 어느 날 아이를 낳았다. 동

갑내기 남자친구가 아이를 감당할 수 없다고 하여, 친권 포기 각서를 쓰고 미혼모 시설에 들어갔다. 아이를 낳은 뒤에는 아이 얼굴도 제대로 못 보고 입양을 보냈다고 했다. 아이를 입양 보낸이후 그녀는 죄책감과 그리움으로 인해 사는 게 사는 게 아니었다. 결국 그녀는 남자친구를 설득했고, 남자친구도 마음을 바꾸었다. 그러나 아이를 찾을 수 없었다. 미혼모 시설을 찾아가 아이의 소재를 알려달라고 했지만 시설에서는 이미 친권을 포기했으니 안 된다며 거절했단다. 수도 없이 찾아갔으나 시설 쪽은 완강했다.그녀는 다시 자신을 도와줄 변호사들을 찾아다녔고 그렇게 나에게 왔다.

당시 입양특례법상 입양을 취소할 수 있는 기간인 6개월은 이미 지난 상태였다. 하지만 양부모 소재만 파악된다면 협의에 의한 파양 등의 방법은 가능했다. 우선 양부모의 소재를 파악하는 것이 시급했다. 나는 직접 시설에 전화를 걸어 아이의 소재를 알려달라고 부탁했다. 입양 취소, 파양 등 법적 절차를 떠나 친부모가 아이를 키우겠다고 찾아다니는데 더 늦기 전에 최소한의 기회를 줘야 하는 것 아니냐, 양부모는 이런 상황을 알아야 하는 것 아니냐며 애원도 해보고 반협박도 해보았다.

그러나 시설에서는 아이는 좋은 가정에 입양되어 잘 자라고 있다며 이미 친권을 포기한 이상 마음을 바꾸었다고 해서 알려줄 수는 없다고 했다. 나는 친부모가 양육하겠다며 아이를 간절히 찾는데 더 나은 환경이 있는 거냐, 경제적 여유가 친부모의 사랑보다 더 필요한 거냐며 항의했으나 시설은 묵묵부답이었다. 양부모는 좋은 직업을 가졌고 아이에게 유복한 환경을 제공해줄 수 있는 사람들이었다. 그들은 출생신고도 되지 않은 아이를 데려가서 친자로 출생신고하고, 비밀을 지키기 위해 먼 곳으로 이사까지 갔다.

시설에서는 오히려 나를 설득했다. 유복한 환경의 양부모가 아이를 키우는 것이 아이에게 좋은 일이라고, 아이 엄마도 모든 것을 잊고 자기 인생을 살 수 있도록 설득해달라고. 나 역시 마음이 흔들렸다. 여의치 않은 환경에 있는, 이제 갓 스무 살인 부부. 시설 쪽의 말이 맞는 건 아닐까. 차가운 머리는 자꾸만 그녀를 설득해보라고 한다. 그녀는 흔들리지 않았다. 자신이 아이를 낳은 친엄마고 자신만큼 아이를 사랑하며 키울 사람은 없다, 이미 한 번 아이를 포기했으니 그 죄를 씻기 위해서라도 아이를 더욱 사랑하며 키울 것이라고 절대 아이를 포기할 수 없다는 뜻을 비쳤다. 과연 아이가 선택할 수 있다면 아이는 누구를 선택할까.

시설과의 몇 차례 다툼 끝에 결코 설득할 수 없음을 깨달았고, 다른 방법을 찾을 수밖에 없었다. 양부모의 소재도 파악하지 못하는 상황에서 소송을 통해 아이를 찾아온다는 것은 요원한 일이었다. 그사이 아이는 성큼성큼 자란다. 결국 나는 언론에 알리고 각종 기관에 호소하는 길이 더 빠를 수 있다는 엉터리 조언을 해야만 했다. '법보다 주먹이 먼저'라고 한 셈이었다. 일은 그렇게 해결됐다. 양부모는 아이 엄마가 애타게 아이를 찾는다는 소식을 접하고 고민 끝에 아이를 그녀에게 보내주었다. 1년 이상 갖은 사랑으로 키운 아이를 돌려보내다니, 그들은 진정 그 아이를 친자식처럼 사랑했음이 분명했다. 그녀와의 만남은 나에게 변호사로서는 무력감을 안겨주었지만, 이후 변호사 생활에서 입양을 비롯한 아동 인권에 관심을 갖게 되는 계기가 되었다.

이 이야기는 요즘 미혼모를 괴롭히는 법으로 지목되는 입양특례법(이하 입양법)이 2012년 8월 개정되기 전의 일이다. 당시 미혼모 대부분이 그랬듯 그녀가 있던 시설도 입양기관 부설 미혼모 시설이었다. 미혼모 시설은 입소 자체가 입양을 약속해야만 가능하다. 사설 입양기관의 존립은 입양할 아이의 존재와 필연적으로 연결되어 있으므로 부설 미혼모 시설은 안정적인 입양아동 공급처였던 셈이다. 이런 미혼모 시설에서는 '미혼모가 아이를 낳으면 절대 얼굴을 보게 하지 말라.'가 철칙이었다는 이야기가 있다. 아이 얼굴을 본 엄마는, 젖을 물려본 엄마는 아이를 포기하기가 쉽지 않기 때문이란다. 이렇게 아이를 포기한 엄마들은 많은 경우 아이가 좋은 부모를 만났는지에 대한 정확한 정보도 갖지 못한다. 그녀처럼 마음이 바뀌어도 법에서 정한 입

3. 넘어진 사람들의 용감한 외침

그녀는 흔들리지 않았다. 자신이 아이를 낳은 친엄마고 자신만큼 아이를 사랑하며 키울 사람은 없다. 이미 한 번 아이를 포기했으니 그 죄를 씻기 위해서라도 아이를 더욱 사랑하며 키울 것이라고 절대 아이를 포기할 수 없다는 뜻을 비쳤다. 과연 아이가 선택할 수 있다면 아이는 누구를 선택할까.

양 취소 절차를 밟는 것조차 쉽지 않았다.

　그녀와 같은 경우가 알려지면서 친모가 아이를 키울지에 대한 결정을 하기 위해서는 충분한 시간이 주어져야 한다는 주장이 많았다. 그래서 개정법에서는 아이 출생 뒤 일주일간 숙려 기간을 줘서 출생 즉시 입양을 금지했다. 개인적으로 일주일은 입양 여부를 결정하기에는 너무 짧다고 생각하지만, 그녀에게 일주일이라도 아이와 함께할 시간이 주어졌다면 어땠을까. 개정된 입양법과 관련법에 따라 2015년 7월 1일부터 입양기관 부설 미혼모 시설은 금지된다. 이와 달리 미혼모와 아이가 가정을 이룰 수 있도록 지원하고, 그래도 입양을 선택하는 경우 이에 대한 충분한 숙려 기회를 주는 미혼모 시설에선 많은 미혼모가 아이와 가정을 이루는 것을 선택한다고 한다. 그녀에게 그와 같은 기회가 주어졌다면, 그녀도 아이도 양부모도 겪지 않았을 고생을 한 셈이다.

　그러나 입양 숙려 기간, 입양허가제 등의 내용을 담은 개정 입양법을 두고 말이 많다. 개정 입양법에 따르면 출생신고를 해야만 아이를 입양 보낼 수 있기 때문에, 아이 출생의 흔적이 남지 않길 원하는 미혼모들이 아이를 유기한다는 것이다(개정 입양법에 의하더라도 아이가 입양되면 친모의 기록에서 아이는 삭제된다). 언론 역시 여기에 맞춰 아기가 유기된 사례를 선정적으로 보도

하고, 그 원인을 무조건 개정 입양법 탓으로 돌리고 있다. 이는 오히려 어쩔 수 없이 아이를 입양 보낸 친생모를 모욕하는 일이라고 생각한다. 단지 출생신고 때문에, 기록에 흔적이 남는다는 이유만으로 아이를 유기하겠는가. 친모가 아이를 유기하는 원인은 너무나도 복합적이지만, 가장 큰 이유는 아이를 키울 수 없는 현실 때문일 것이다. 미혼모에 대한 사회적·구조적 편견과 경제적 어려움, 그리고 장래에 대한 두려움 등 훨씬 더 복잡한 배경이 자리잡고 있다.

출생 기록은 입양아동의 처지에서는 생존 문제(출생신고가 되어야만 비로소 공식적으로 존재가 확인되고, 사회보장 체계 내에서 보호받을 수 있다)이자 자신의 기원을 확인할 수 있는(해외 입양아가 성인이 되면 친모 확인이 가능하지만, 친모의 동의가 있어야 한다) 실마리이고, 생모의 처지에서는 아이의 생존을 확인할 수 있는 유일한 끈이다. 입양아동의 출생 사실을 어떤 기록에도 남기지 않고 완전히 삭제하는 것이 과연 입양을 선택한 엄마의 인권을 보호하는 일인지 장담할 수 없다.

한 달 전 우연히 그녀의 소식을 듣게 되었다. 그녀는 한때 아이의 양부모와 한동네에 살았을 정도로 가까운 사이가 되었고, 아이를 키우며 소박하지만 행복하게 살고 있다고 한다. 변호사로서 나는 무력했지만, 그녀의 해피엔딩은 아주 고맙고 반가운 일이었다. 최근 개정 입양법을 둘러싼 논란을 지켜보며 그녀는 무슨 생각을 하고 있을까. 내쉬는 모든 숨이 탄식이던, 흘린 눈물이 모두 피눈물이던 그녀라면 가장 현명한, 모두를 설득할 만한 이야기를 해줄 수 있을까.

🔒 김수정

법과 불화하지만
당당한 선생님들

2013년 12월, 정부는 6만 조합원 중 해고된 사람이 9명 포함되어 있다는 이유로 전국교직원노동조합(전교조)이 노동조합이 아니라는 통보를 하였고, 그 후 몇 년째 이를 둘러싼 법적 다툼이 진행 중이다. 그러나 '해직 교사'란 어떤 사람들인가. 2008년 일제고사를 치르지 않고 다른 교육을 했다는 이유로 교사 11인을 해직한 사건을 통해, '부당해고' 조합원들은 아무에게도 어떤 해를 끼치지 않으며, 다시 이 노동조합에 헌법 정신에 반하는 규제의 잣대를 들이댈 이유가 없음을 말하려 했다.

또 전국교직원노동조합(전교조)이다. 이번에는 법외노조 통보란다. 노조법(노동조합 및 노동관계조정법)에 "근로자가 아닌 자의 가입을 허용하는 경우 노동조합으로 보지 않는다."는 조항이 있고, 이 조항에 위반되면 노동부가 시정명령을 할 수 있게 되어 있으며, 그 명령을 이행하지 않으면 "이 법에 의한 노동조합으로 보지 않는다."는 통보를 할 수 있다. 이 조항에 따라 전교조가 해직된 조합원 9명(전체 조합원 6만 명 중 0.2%에 해당한다)을 배제하지 않으면 이른바 '법외노조' 통보를 하겠다는 것이다.

법과의 불화가 이번이 처음은 아니다. 1989년에 출범했으나 '교사는 노동자가 아니'라며 그 존재 자체를 부정당해 교사

1500여 명이 무더기로 해직됐다. 10년 만에 합법화됐다고는 하지만 그 뒤에도 줄곧 위법성 시비에 시달렸다.

내가 처음 변호사 배지를 달던 1999년은 공교롭게도 이 노동조합이 합법화된 첫해였고, 고등학교 시절 멋쟁이 독일어 선생님이 해직되고 학생회장이 자퇴하는 경험(물론 나는 그런 생각이나 용기가 없는, 철저한 '일반 학생'이었지만)을 가진, 이를테면 전교조 1세대로 자연스럽게 기대와 관심이 컸다. 1년차 때 『교사의 권리, 학생의 인권』이라는 책을 썼고, 책이 나오자 다섯 권을 싸들고 직접 노조 사무실을 찾아가 교권국장 면담을 신청한 다음 교육법에 대한 열정을 살짝 과장하면서 법률고문을 자청했다. 처음에는 초짜에게 무엇을 맡겨도 될까 고민하셨지만 겨우 마지못해 승낙하셨고, 그로부터 5년, 전교조가 민주노총 법률원에서 체계적 법률 지원을 받기 전까지, 합법 교원노조의 첫 고문변호사로 좌충우돌을 시작했다.

8대 이부영, 9대 이수호, 10대 원영만 위원장 모두 자립형 사립고 반대, 교육행정정보시스템(NEIS) 등 교육 현안 문제로 구속되어 재판을 받을 때, 그동안 곪아터진 사립학교 재단 비리 문제를 제기한 조합원들도 줄줄이 재판을 받고 해직될 때, 아주 드물게는 보람찬 일도 없지는 않았지만 정말 나쁜 판결도 많이 받아 먼구한 적이 더 많았다. 이들은, 임금 등 근로조건과 직접 관계되지 않은 교육 현안을 문제 삼으면 노동조합의 교섭 대상이 아니라며 벌을 받았고, 임금이나 휴가 등을 문제 삼으면 어떻게 교사가 그런 세속적인 주장을 하냐며 비난을 받았다.

'교원의 노동조합 설립 및 운영에 관한 법률'이라는 멋진 이름의 법이 있었으나 교섭 대상을 한정짓고, 쟁의를 금지하고, 정치활동을 포괄적으로 제한하는 조문 하나하나가 노동조합을 얽어매고 있어, 풋내기 변호사의 열정은 물론 헌법이나 국제인권법의 논리 역시 아무런 힘을 발휘하지 못했다. 그렇게 무기력하게, 그럴듯한 성과 하나 없이 고문변호사를 마치고 나는 한동안 전교조 일을 엄두도 못 내고 있었다. 교육법을 남들보다 잘 알고 좋아한다는 자신감을 이미 잃어버린 지 오래였다.

그러다 이명박 정부가 들어선 뒤, 2008년 뜨겁던 촛불의 열기가 조금씩 식어갈 때, 다시 이 노조의 이름이 연일 뉴스를 장식하기 시작했다. 그러면서 일제고사 반대로 징계위원회에 회부됐다는 7명의 교사들을 소개받았다. 시험을 치르는 게 교육적으로 맞지 않다고 생각해 이를 알리고, 이 의견에 동의하는 학부모의 자녀들을 데리고 체험학습을 했다는 게 징계 사유라고 하기에, 도대체 자녀 교육 방법을 부모와 교사가 결정했는데 뭐가 문제인지 황당했다. 이런 일로 중징계를 받을 리 없다며 큰소리를 치고, 기자회견에서 "이건 무조건 이기는 싸움이다, 오히려 우리 헌법상 교육권이 누구에게 있는지를 확인하고 보여줄 수 있는 좋은 기회가 될 것이다."라며 호언장담을 했다. 그러나 교사 7명 모두 파면이나 해임의 징계를 받았다. 이미 1989년에 교단을 떠났다가 어렵사리 복직된 노련한 조합원도 있었지만, 갓 임용된 사람도 있었다.

'민주사회를 위한 변호사모임'(민변) 선후배 변호사들과 일제고사 법률지원단을 꾸리고, 외국 사례나 논문을 찾아 공부를 시작했다. 거의 3~4년 만에 다시 내 컴퓨터에 '전교조'라는 폴더를 생성했다. 서울뿐 아니라 강원도 동해에서도 교사 4명이 해직됐고, 소청심사도 모두 기각되어, 춘천과 서울행정법원에서 재판이 시작됐다. 1심 재판부부터 "해임 이상의 징계는 과도하다."는 판단을 내려 복직을 명했지만, 일제고사 반대의 정당성 자체는 인정되지 않았다. 하지만 춘천지방법원에서는 법령의 해석상 논란의 소지가 있고, 단체협약에서 '학업성취도 평가의 경우 표집학교를 제외한 학교에 대해서는 단위 학교에서 자율적으로 실시'하라고 정했으므로 그 효력이 인정될 수 없어도 이행되도록 성실히 노력해야 하며, 실제로 평가 결과 조작, 교육과정의 편법·파행 운영 등 일부 문제점이 현실화되기도 했다는 점을 인정받았다. 대규모 해직 사태가 일어날 뻔했던 일제고사 사건은 내 사건으로는 아주 드물게, 완벽하지는 않지만 그럭저럭, 그렇게 해피엔딩을 맞게 되었다.

일제고사 사건을 이야기하면, 어떤 사람들은 "시험 까짓것 치르면 되지, 그게 뭐 그리 대단한 거라고 온 나라를 이렇게 시끄럽게 하냐.'고 말하곤 했다. 그것 말고도 교육 문제는 너무나 심각하고, 학교 서열화나 입시·경쟁 위주의 교육을 가속화하는 장치가 아주 많은 것이 사실이다. 그 정도의 시험과 경쟁은 필요악이고 당연한 것이 아니냐고도 했다. 그리고 나도 학교 다닐 때 '학력고사'나 '전국 단위 학업성취도 고사' 등 시험을 아무 문제 없이 잘 치르곤 했다.

하지만 그렇게 '당연한 것'으로 생각한 난, 과연 올바르게 배운 것일까.

이때 '해직됐던' 교사들에게는 이런 식의 교육, 이런 방식의 서열화가 옳은 것이 아니라는 문제의식이 있었고, 그들은 다른 선택도 얼마든지 가능하다는 것을 아이들에게 보여주고 싶었다고 했다. 학부모들이 보낸 편지에서도 이번 선택을 상의해줘서 고맙다는, 그런 길이 있다는 것을 아이에게 보여줄 수 있어 다행이라고 했다.

그동안 해온 대로 모든 아이에게, 예외 없이 시험을 치르게 했다면, 선생님도 편하고 학교도 평화로웠을 것이다. 무엇보다 대법원의 확정판결을 받아 복직하기까지 2년 가까운 시간을 거리에서, 교문 밖에서 소리치고 울면서 보내지 않아도 되었을 것이다. 관례대로, 남들이 하는 대로 성의 없이, 또는 그들이 생각하는 것처럼 '이념적으로' 아이들을 대하는 사람에게는, 굳이 이러한 불편을 감수할 이유가 없다.

전교조의 규약에서 말하는 '부당해고' 조합원은 바로 이런 사람들이다. 그런 사람들을 조합원으로 둔다고 하여, 아무에게도, 어떠한 해도 끼치지 않는다. 다시 이 노동조합에 헌법 정신에 반하는 규제의 잣대를 들이밀 이유가 없다.

1999년 합법화된 전교조의 복직교사들이 그랬듯이 오늘의 해직자는, 내일의 교단에서는, 어떤 나라의 교단에서는 누구보다 당당한 스승으로 돌아올 것이기 때문이다.

🔓 김진

3. 넘어진 사람들의 용감한 외침

떼인 돈
받아가세요

공정거래위원회가 기업들의 담합을 적발했다는 보도는 끊이지 않지만, 기업들이 담합 피해자들에게 손해배상을 해주게 되었다는 보도는 접하기 어렵다. 이처럼 기업들이 담합 이익을 얻고도, 피해자들에게 배상해주지 않을 수 있다면, 어느 기업이 담합을 마다할까?

집단소송제도가 도입되지 않는 한 담합 피해를 본 소비자들이 개별적으로 소송을 벌여서 손해를 회복하기란 난망한 일이다. 집단소송제는 박근혜 정부 출범시 대통령 선거 공약이었는데도 아직도 도입되지 않고 있다. 여전히 대기업들과 일부 언론과 학자들은 집단소송제 도입이 시기상조라고 주장하고 있다. GDP 규모 세계 10위권인 한국의 슬픈 현실이다.

이 글을 읽는 당신은 다음 중 몇 가지 항목에 해당하시나요? 2001~2010년에 라면을 구매한 소비자. 그 시기에 분식점을 운영한 사람. 2000~2005년에 밀가루가 포함된 제품을 구입한 사람. 1991~2005년에 설탕을 구매한 사람. 2008~2012년에 휴대전화를 구매한 소비자. 2003~2006년에 항공화물을 이용한 화주. 2005~2012년에 인천~울란바토르 노선 대한항공을 이용한 사람. 2001~2005년에 액정디스플레이(LCD) 제품(휴대전화·컴퓨터·내비게이션·LCD TV 등)을 구매한 사람. 1999~2007년에 TV나 컴퓨터 모니터를 구매한 사람. 2003~2008년에 액

화석유가스(LPG)를 구매한 사람(LPG 연료를 사용하는 차량 소유
자, LPG 프로판가스 사용자, 부탄가스 사용자). 약을 복용한 사람.
1994~2010년에 비료를 구매한 사람. 2003~2011년에 농기계
를 구매한 사람. 1997~2012년에 노스페이스 제품을 구매한 사
람. 2006~2009년에 건축된 판유리(아파트나 주택의 유리)가 있
는 건물 소유자. 1994~2004년에 건축된 엘리베이터가 있는 건
물주나 아파트 거주자. 2001~2006년의 생명보험 가입자. 그 밖
에 두유·우유·세제·컵커피·빙과 구매자 등.

가전제품에는 관심이 없는 사람이라도 그 기간에 가전제품
과 휴대전화 서너 개를 구입하지 않은 집이 없을 것이고, 식료
품은 필수품이고, 노스페이스의 옷은 대열풍을 일으켰고, 유리
나 엘리베이터는 그야말로 흔한 것이기에 아마도 전 국민이 대
여섯 가지씩은 해당할 것이다. 여기에 해당하는 사람들의 공통
점은 담합의 피해자들이라는 것이다. 즉, 손해배상을 받을 것이
있는 사람들이다. 만약 미국이나 유럽에서였다면, 아니면 집단
소송제가 도입돼 있었다면, 여기에 해당하는 사람들에게는 법
원에서 "담합 기업이 배상금을 내놓았으니, 떼인 돈을 받아가세
요."라는 통지서가 여러 통 날아왔을 것이다. 피싱 우편이 아닐
까 놀라겠지만, 진짜이다. 실제로 최근 미국에서는 "2000년 1월
~2007년 8월에 대한항공 미주노선을 이용한 사람은 배상을 받

3. 넘어진 사람들의 용감한 외침

을 수 있으므로 신청서를 제출하라."며 보상청구서 접수 절차가 진행되고 있는데, 이를 돕기 위해 '대한항공-아시아나항공 부당 요금 환불신청 범동포위원회'가 구성되어 활동하고 있다고 한다. 이는 대한항공과 아시아나항공이 미국에서 집단소송의 결과 손해배상금으로 각각 727억 원과 230억 원을 배상하기로 합의했기 때문에 이루어지고 있는 후속 절차이다.

심층분석이 필요하므로 정확하지는 않지만, 우리가 기업에서 돌려받아야 할 금액은 어느 정도일까. 이 분야의 저명한 학자인 코너의 실증연구에 따르면 담합을 통해 기업은 경쟁 가격보다 21~43% 정도 가격을 인상시킨다고 한다(Connor, 2005). 유럽집행위원회에서 진행한 연구(Oxera Report, 2010)에서는 평균 20% 정도의 초과이윤을 얻는다고 보았다. 100만원짜리 TV라면 담합을 통해 20만~40만 원을 더 올린다는 것이다. 우리나라에서는 2000~2005년 밀가루 회사들이 담합으로 13.5%의 가격 인상을 한 것으로 분석된 사례가 있다. 담합 피해를 10~20%로 추산하고 계산해보면, 해당 기간에 구입한 물품의 가격이 500만 원이었다면 50만~100만 원 정도, 5년간 분식점을 운영하면서 라면을 구매한 금액이 1억 원인 사업자는 1천만~2천만 원 정도는 배상을 받아야 한다. 2000년 이후로만 따져도 담합 기업의 부당이득액은 십수조 원에서 수십조 원에 달할 것으로 추산된다. 실제로 집단소송의 결과, 미국에서 LCD 담합 건만으로 삼성전자는

2760억 원을, LG디스플레이는 4354억 원을 피해자에게 배상하기로 합의했다. 물론 국내에서는 단 한 푼도 배상하지 않았다.

이처럼 가구당 손해액을 따지면 수십만 원에서 많게는 수천만 원에 이르러 결코 적지 않은데도 소송이 많지 않은 이유는 무엇일까? 그 이유는 아마도 소송의 문턱이 높기 때문인 것 같다. 나와 우리 사무실의 변호사들은 담합으로 인한 소비자 피해에 관심을 가지고 오래전부터 여러 부문의 피해자를 대리해 소송을 해왔는데, 변호사 입장에서도 담합 손해배상 소송은 매우 까다롭다. 손해를 입증하려면 전문가의 감정을 거쳐야 하는데, 많은 감정비용이 들기 때문에 소수의 피해자만 소송하게 되면 배상금액보다 소송비용이 더 들 수 있으므로 엄두를 내기 어렵다.

그러니 기업에는 위협이 되지도 않는다. 그래서 다수의 피해자를 규합해 소송해야 하는데, 우리나라는 광고 규제가 있어서 피해자들에게 소송에 참여하라고 권유하기도 어렵다. 구매 사실을 증명하기 위해 수만 명의 원고로부터 소송 관련 자료를 모으고 정리하는 일도 결코 쉽지 않다. 가뜩이나 공정거래위원회의 담합 과징금이 솜방망이라는 말이 나오는데, 담합이 발각되어도 기업이 부담해야 하는 손해배상액은 그들이 거둔 막대한 이익에 비하면 그야말로 9마리 소의 한 가닥 털과 같으니, 기업들은 들키는 한이 있어도 숨어서 담합을 지속하는 것이다.

모든 피해자에게 소송의 결과에 따른 혜택을 받을 수 있도록 하는 집단소송제가 도입된다면 양상은 달라질 것이다. 이렇게 되면 소송의 문턱을 넘지 못하는 담합 피해 사건은 줄어들 것이다. 소송도 구매 사실의 입증보다는 손해액 입증에 집중하게 되므로 신속하게 이루어질 것이고, 기업들도 무리하게 3심까지 가기보다는 1심에서 합의하는 것을 선택할 가능성이 높다. 이렇게 되면 9마리 소 중 몇 마리는 돌려받게 되는 셈이다. 물론 담합이 적발되지 않은 기간의 이익은 기업이 고스란히 갖게 되므로, 여전히 담합의 유인이 있기 때문에 외국에서는 이것까지 고려해서 손해액의 3배까지 배상이 가능하도록 징벌적 손해배상을 도입하기도 한다. 어쨌든 지난 대선에서 여야 후보 모두 집단소송제의 도입을 공약으로 내세웠기 때문에 조만간 입법화될 것으로 보인다. 기업 쪽에서는 여전히 남소의 우려가 있느니, 기업활동이 위축될 수 있느니 하며 반대 여론 조성에 힘쓰고 있는데, 건전한 기업 육성을 위해서도 반드시 필요한 제도이다.

　　해가 지나야 입법이 되겠고 언제부터 시행될지 모르겠지만, 집단소송제가 도입된다면 법원에서 반가운 통지가 오는 일도 많을 것이다. 담합이 사라지고 소송이 사라지는 게 가장 좋은 일이겠지만, 이 제도는 피해자에게 손해를 회복시켜주고 담합을 줄이는 효과는 있을 것이다. 그전까지는 귀찮더라도 담합 손해배상 소송에 적극적으로 참여하는 것이 건전한 경제구조를 만드는 데 도움이 된다. 그래서 나는 어렵게 담합 손해배상 소송에 참여하고 있는 택시기사들과 농업 경영인들, 건강보험 가입자들 같은 소중한 내 의뢰인들을 언제나 자랑스럽게 생각한다.

🔒 이은우

오래된 분쟁거리,
문화재 관람료

아직까지 풀리지 않는 지리산 천은사 문화재 관람료 사건 이야기다. 천은사에 문화재 관람료를 단순 입장객에게 반환하라고 선고한 최초의 대법원 판결을 이끈 과정을 그리고 있다. 그러나 2002년에 대법원에서 선고하였음에도 천은사는 여전히 문화재 관람료를 걷고 있다.

문화재를 보려고 산에 간 것이 아닌데 왜 문화재 관람료를 내야 하나. 얼마 전 고등학교 친구가 지난해 가을 가족과 지리산에 간 이야기를 하며 투덜댄다.

"아니, 왜 천은사 쪽에서 올라가면 문화재를 보지도 않는데 관람료를 받느냐 말이야. 우린 지리산에 가려는 거지 문화재를 보려고 간 것이 아닌데."

과거에 많이 듣던 이야기였다. "아직도 받냐?"

까칠한 성격의 친구여서 그냥 넘어갈 리 없을 것 같았는데 역시나 한바탕 붙었단다.

"4명이면 돈도 꽤 돼서 따졌는데 법원에서 합법으로 판결 난 거라고 해서 어쩔 수 없이 냈다."

"어? 법원에서는 문화재 관람료를 돌려주라고 판결했는데…
대법원까지 갔고."

"진짜냐?"

"그 사건은 잘 알지. 내가 진행했던 사건이니까."

기록을 찾아보았다. 대법원에서 천은사에 문화재 관람료를
돌려주라고 최종 선고한 날은 2002년 8월 13일, 벌써 10년이 넘
었다.

문화재 관람료 문제는 오래된 분쟁거리였다. 우리나라의 주
요 명산에는 대형 사찰이 많고, 이들 대부분은 오랜 역사를 지닌
관계로 그 산의 상당한 면적을 소유하고 더불어 많은 불교 문화
재도 보유하고 있어서 이런 문제가 발생했다.

내가 활동했던 참여연대 작은권리찾기운동본부에도 이에 대
한 민원이 많이 들어와 2000년 3월 7일 참여연대 강당에서 토
론회를 열었다. 보통 시민단체에서 진행하는 토론회는 독립영
화관 조조 시간대 흥행률을 기록하는데, 그때는 방청객으로 가
득 찼다. 그러나 대부분 스님들. 발제를 하면서 이상스레 적막이
흘러 전부 돌아가셨나 싶어 도중에 고개를 들다가 나를 지긋이
주시하는 수많은 스님들의 눈동자와 부딪혔다. 극락 가긴 다 틀
렸군. 사찰은 고건축물일 뿐만 아니라 산중에 위치하다보니 유
지·관리 비용이 많이 든다는 사찰 쪽 토론자의 여러 말씀은 경

청할 만했지만, 내부 토의 뒤 우리나라 대표 명산인 설악산과 지리산을 대상으로 소송하기로 했다. KBS 〈시청자칼럼 우리 사는 세상〉에서는 그렇잖아도 이 문제를 지적하는 시청자가 많았다면서 방송도 하면서 관심을 갖고 지켜보았다.

내가 맡은 지리산 천은사 사건은 문화재 관람료 1천 원을 돌려달라는 소송이었다. 소장을 제출하러 간 직원이 법원 접수처 공무원이 소송 금액이 1천 원뿐이어서 인지대를 얼마 받아야 할지 애매하다고 해서 그냥 넉넉하게(?) 100원을 냈다고 했다.

지리산 천은사의 경우 구례읍과 남원시로 가는 861번 지방도로로 차를 타고 가면 도로 중간에서 문화재 관람료를 내야 하는데, 도로에서 천은사까지는 상당히 떨어져 있어서 차에 탄 사람들로서는 천은사 쪽으로 일부러 가지 않는 이상 천은사를 먼발치에서 스쳐 지나가게 된다.

천은사 쪽 답변은 예상 밖이었다. 문화재를 관람할 의사가 있는지를 일일이 확인할 수 없다는 답변은 예상했지만, 천은사 소유 문화재는 천은사 본사 이외에 도계암·상일암 등 암자들도 있고 이 암자들은 861번 지방도로에 인접해 있어서 도로를 지나가면 자연히 보게 된다는 것이다.

거참. 설악산 신흥사를 담당했던 변호사께 그쪽은 이런 항변이 없었느냐고 물어보았다.

"여기는 더해. 설악산 국립공원 지도에 신흥사 땅을 표시했는데, 과장하면 주차장에서 권금성 케이블카로 올라가면서 보이는 땅의 상당 부분이 신흥사 땅이더라. 신흥사 문화재를 안 보려야 안 볼 수가 없겠더라(나중에 판결문을 보니 신흥사는 설악산 천연보호구역 173.7km^2 중 관광객이 주로 찾는 외설악 쪽으로 38.6km^{2}를 소유하고 있고 여기저기 흩어진 많은 문화재도 직접 소유하고 있다고 한다).

1심은 패소했다. 뭔가 어색한 이 항변을 항소심에서 어떤 법률 연결고리로 받아쳐야 하나 고민하다가 똑똑한 후배 김태선 변호사(현 중앙대 법학전문대학원 교수)와 상의했다.

"행정법상 공물(公物) 개념으로 접근하면 어떨까요?"

도로는 일반인의 통행을 위해 누구에게나 제공되는 공물인데, 누구에게나 제공되는 공물을 이용한 행위를 가지고 천은사 소유 문화재를 관람할 의사가 있거나 천은사 소유 문화재를 관람했다고 보는 것은 공물의 개념에 맞지 않는다는 주장이다. 필이 왔다. 결국 항소심에서 승소하고 대법원에서도 최종 승소했다.

대법원에서도 승소하자 〈시청자칼럼 우리 사는 세상〉 담당 PD로부터 연락이 왔다. 천은사 앞에서 대대적으로 등산객을 모아 집단소송을 하자는 내용이었다. 절 앞에서 내 멱살 잡히는 모습을 찍고 싶다는 이야기로 들렸다. 내부 논의 뒤 다른 사업도 많이 밀려 있고 이번 건은 대법원 판결까지 받았으니 다음 단계는 지역 단체 차원에서 지역 상황에 맞춰 대응하는 것이 좋겠다고 마무리했다. 그리고 한 단체에서 판결문을 보내달라는 요청이 왔고 자료를 건네주었다.

친구로부터 들은 이야기도 있고 해서 요즘은 어떻게 진행되는지 검색해보았다.

2013년 2월 광주고등법원은 문화재 관람료는 물론 위자료 10만원까지 지급하라고 판결했다. 또한 사찰이 문화재 관람료 징수를 위해 861지방도의 통행을 방해하지 않아야 하며 이를 위반할 경우 1회당 100만 원을 지급하도록 했다.

불교는 어떤 종교보다 자연친화적이며 철학적 바탕도 자연과 인간의 공존을 깊이 있게 담고 있다. 따라서 사찰 소유 문화재를 어떻게 자연환경과 조화를 이루면서 훼손되지 않게 보존·관리하느냐의 문제로 논의하면 더욱더 국민의 신망과 사랑을 받을 수 있는데, 천은사 쪽이 문화재 관람료 문제를 너무 오래 끄는 듯하다. 가뜩이나 분노할 것도 많은 지금 시기에 이런 문제는 아름답게 매듭됐으면 한다.

🔒 이상훈

거리로 나선 앵그리맘들

이명박 전 대통령은 2008년 4월 18일 광우병 우려로 수입이 제한되어 있던 30개월 이하 미국 소의 모든 부위 수입을 허용하고, 30개월 연령 제한 조치를 포기하며, 미국 내 도축장에 대한 검역 권한마저 포기하는 내용으로 미국과 미국 쇠고기 수입위생조건 개정에 합의했다. 위 내용이 알려지면서 이 합의에 반대하는 전 국민적인 저항이 시작되었다. 누구도 예상치 못한 규모로 두 달 가까이 밤낮을 가리지 않은 소위 촛불집회와 시위가 진행되었다.

당시 자녀들의 안전한 먹거리를 지키고자 엄마들이 유모차를 이끌고 저항에 합류하였는데, 이들은 유모차 부대라 불렸다. 일부 보수 논객은 유모차 부대 엄마들을 가리켜 공산분자의 발상이라는 등의 웃지 못할 글을 게재하기도 했다. 유모차 부대 엄마들은 집회 및 시위에 관한 법률위반으로 6년에 걸친 재판을 받게 되었고, 필자는 이들을 변호하였다. 세월호 침몰 사건 이후 아이들이 안전한 세상을 외치는 엄마부대가 거리에 나섰고, 이들은 '앵그리맘'이라 불렸다. 일부 보수 세력을 앵그리맘을 '아동학대죄'로 고발하였다.

"청계광장 앞길에서, 피고인들은 유모차부대 회원들과 함께 '유모차부대' 깃발을 앞세우고, '아이들아 미안하다. 우리들이 지켜낸다'라는 피켓을 들고 유모차를 끌고 가면서 구호를 제창하고, 도로를 점거한 채 행진하였다."

이 내용은 2008년 여름 이른바 '유모차부대'의 일원으로 촛불집회에 참여했던 엄마들의 공소사실 중 일부다. 콕콕 마음에 남는 것이 '아이들아 미안하다. 우리들이 지켜낸다'라는 피켓의 문구다.

2008년 여름, 서울의 거리는 여름 햇살보다 더 뜨거운 촛불의 열기로 달아올랐다. 그 여름의 촛불은 이명박 전 대통령이 같은 해 4월 18일, 광우병 우려로 수입이 제한되어 있던 30개월 이하 미국 소의 모든 부위 수입을 허용하고, 30개월 연령 제한 조치를 포기하며, 미국 내 도축장에 대한 검역 권한마저 포기하는 내용으로 미국과 미국 쇠고기 수입위생조건 개정에 합의했다는 내용이 알려지면서 이에 대한 국민적 저항으로 시작됐다. 누구도 예상치 못한 규모로 두 달 가까이 밤낮을 가리지 않고 진행됐으며, 그 형식 또한 과거의 시위나 집회와는 완전히 다른 새로운 것이었다. 촛불집회가 들불처럼 번져간 것은 어린 중·고등학생들이 단상에 올라 어른들의 책임을 물으며 안전한 먹거리와 민주주의를 말한 것을 시작으로 어른들도 가만히 있을 수 없다는 공감대가 형성됐기 때문이다.

두 달여 동안 수많은 시민들이 촛불집회에 참여해 행진했고, 청계광장 인근은 해방구가 되어 몇 날 며칠을 시민들이 모여 밤을 지새우며 난장을 벌이고, 토론을 하며, 음악을 연주했다. 당시 과거 어느 집회에서도 볼 수 없던 시위대를 보게 되었는데 바로 '유모차부대'였다. 인터넷 육아카페 등에서 육아정보를 교환

3. 넘어진 사람들의 용감한 외침

하던 엄마들이 아이들의 먹거리 안전과 관련한 문제에 부딪히고, 정부가 이를 해결할 기미를 보이지 않자 거리로 나섰던 것이다. 마치 소풍을 오듯이 도시락을 싸들고 유모차에 풍선을 달고 거리에 나선 모습은 평화롭다 못해 천진하기까지 했으나, 그 어느 시위대보다 절실함과 진정성을 갖춘 모습이었다. 유모차부대는 여경들의 호위를 받으며 '엄마가 뿔났다' 등의 귀여운 구호를 외치는 진풍경도 연출했다. 그때 나는 인권침해감시단으로 촛불집회에 자주 나갔는데, 두 살 된 아이의 엄마였던 나는 어느새 유모차부대 엄마들과 같은 마음이 되어 속으로 구호를 되뇌곤 했다.

어느 보수 논객은 유모차부대 엄마들에 대해 아이들을 시위대의 도구로 쓴다면서 공산분자의 발상이다, 잔인한 여자들이다, 친엄마가 아니다, 아이를 빌려온 것이 아닌지 조사해봐야 한다는 웃지 못할 글을 게재해 엄마들을 화나게 만들기도 했다. 일상으로 돌아간 유모차부대 엄마들에게 1년여가 지날 무렵 난데없이 날아든 소환장은 이들을 다시 한자리에 불러모았다. 수사기관은 촛불집회 참여 당시의 사진을 채증해 엄마들의 신원을 확인한 뒤, 1년여가 지날 무렵에야 이들을 소환했고, 엄마들은 젖먹이 아이들을 데리고 수사기관에 조사를 받으러 다녀야 했다.

나는 조사받던 그녀들 옆에 변호인으로 앉아 있었는데, 전혀

주눅들지 않는 그녀들의 모습에 감동받았다. 조사를 받다가 아이에게 젖을 먹여야 한다며 수사관의 퇴장을 요구하며 기저귀를 갈고, (고가의 수입 유모차) 스토케를 태우던 '된장엄마'인 자기를 거리로 나가게 한 게 누구냐며 당당하게 나오던 그녀들의 모습에 웃음이 나오면서도 도대체 엄마들이란 크기를 알 수 없는 용기의 소유자임을 새삼 깨닫게 되었다. 엄마들에 대한 혐의사실(경찰의 통제로 이미 폐쇄된 도로 및 갓길로 행진한 것)이 일부 인정된다 해도 기소유예 정도로 간단히 마무리할 수도 있었으련만 검찰은 벌금형의 약식기소를 했고, 엄마들은 정식재판 청구로 이에 맞섰다. 엄마들에 대한 재판 중 일부는 관련법의 위헌성 문제 때문에 수년간 재판이 중지된 상태로, 재판은 아직도 끝나지 않은 채 계속되고 있는 셈이다.

세월호 참사 이후 엄마들이 다시 거리로 나서고 있다. 2014년 4월 30일. 한 엄마의 제안으로 아이를 유모차에 태우고 서울 강남역에 모여 첫 침묵시위를 한 것을 시작으로 유모차부대, '앵그리맘'이라 불리는 엄마들이 거리로 나섰다. 이들의 소망은 아이와 함께 안전하게 살고 싶다, 아이를 위해 침묵하지 않겠다는 소박한 것이었다. 이들의 소망은 2008년의 그녀들과 정확하게 동일하다. 그녀들을 거리에 세운 감정은 세월호 엄마들의 슬픔에 공감하는 것을 넘어선 동일시의 감정이다. 그런데 자유청년연합, 미디어워치 등 애국 보수를 표방하는 일부 단체들은 "자

© 연합뉴스

조사를 받다가 아이에게 젖을 먹여야 한다며 수사관의
퇴장을 요구하며 기저귀를 갈고, (고가의 수입 유모차)
스토케를 태우던 '된장엄마'인 자기를 거리로 나가게 한
게 누구냐며 당당하게 나오던 그녀들의 모습에 웃음이
나오면서도 도대체 엄마들이란 크기를 알 수 없는 용기
의 소유자임을 새삼 깨닫게 되었다.

신들의 이익을 위해 아이들을 학대하고, 인권유린을 일삼는 유모차부대의 아동학대를 강력히 규탄한다."며 유모차부대 엄마들을 아동학대죄로 고발했다고 한다. 보수단체들의 이러한 발언은 2008년 유모차부대 엄마들에 대해 '공산분자의 발상이다' '가짜 엄마다'라는 등의 비난을 하던 보수 논객과 정확하게 동일하다. 이런 동일한 상황이 기시감이 아니라 정녕 사실이라니 믿기 어려운 일이다. 보수와 진보 모두 아이들이 안전하고 건강하게 사는 나라를 꿈꾸는 것 아닌가. 엄마들이 왜 거리로 나섰는지에 대한 보수(모든 보수가 같지는 않을 것이지만)의 상상력은 '아동학대'로밖에 연결되지 않는 것인가.

엄마들을 고발할 것이 아니라, 왜 아이들이 차가운 바다 속에서 죽어가야 했는지 집요하게 파헤쳐 발본색원하고, 깊이 새겨진 상흔이 조금이나마 아물 수 있도록 한마음 한뜻으로 위로하는 것이 진보든 보수든 이 나라의 국민이라면, 사람이라면 해야할 일이 아닌가. 아이들이 안전한 세상을 외치며 거리에 선 엄마들에게 아동학대라 손가락질하는 모습을 지켜보는 세월호의 엄마·아빠들은 큰 소리로 울지도 못한다. 큰 소리로 세상을 저주하고 욕을 하며 슬픔을 풀어내야 하는데, 조금만 크게 울어도 소리를 질러도 진짜 유가족이 아니라는 둥, 불순세력이 끼어 있다는 둥 막말을 하니 어디서 슬픔을, 그 큰 한을 풀 수 있겠는가.

2014년 유모차부대의 엄마가, 세월호의 참사가 2008년과 같이 끝나지 않기를 간절하게 소망한다. 2008년과 2014년의 상황이 자꾸만 동일하게 맞춰져가는 것은 그저 나의 기시감에 불과하기를 소망한다. 세월호 참사는 철저하게 진상이 규명될 것이며, 지위 고하를 막론하고 연루된 모든 자들은 엄히 처벌되고, 사고의 원인과 제도의 허점을 찾아내 다시는 이런 참담한 일이 발생하지 않도록 인적 · 물적 제도 개혁이 시행될 것이며, 이는 사회 전반에 걸쳐 확산된다. 세월호의 생존자와 피해 가족들은 국가와 사회의 따뜻한 관심과 위로를 받으며 서서히 상처를 회복해간다. 유모차를 끌고 나왔던 엄마들은 이제 안심하고 자녀를 양육하며, 아이들은 안전한 세상에서 건강하게 성장해 어른이 된다. 이것이 나의, 우리 모두의 소박하지만 간절한 소망이다.

🔒 김수정

내 이름이
족발집에 걸려 있다면

영화배우나 탤런트, 개그맨, MC 등의 연예인이나 운동선수 같은 유명인들의 이름과 초상 등을 상업적으로 이용할 수 있는 권리를 '퍼블리시티권 (the right of publicity)'이라 하는데, 연간 소송 건수가 수십여 건에 이르고 있다.

퍼블리시티권의 원조라 할 수 있는 미국에서는 법률 또는 판례로 인정되고 있고, 우리나라에서도 '배우의 사진과 사인, 예명을 성형외과 블로그나 홈페이지에 올린 사건, 이미 사망한 소설가의 초상을 상품권에 사용한 사건, 유명 프로야구선수들의 성명 이니셜을 모바일 야구게임에 제공한 사건, 사망한 미국배우 제임스 딘의 이름을 딴 국내 상표 사건' 등에서 아직 법률로 인정되지 아니하는 퍼블리시티권이 법원에 의해 인정된 적이 있다.

그러나 최근 유명 연예인 56명이 '키워드 검색 광고 서비스'에 자신들의 이름을 사용하지 말라고 포털사이트를 상대로 제기했던 소송에서는 법원이 연예인들의 청구를 기각하면서 퍼블리시티권을 명시적으로 부인하였다. 이로써 우리나라에서 퍼블리시티권이 인정된다고 볼 수 있는지는 대법원 판결을 기다려봐야 하는 상황이 되었다.

그럴 리는 없겠지만 누가 내 이름(동명이인이 다수 존재할 것이 뻔하므로 오로지 필자의 이름이기만 한 것은 아닐 것이다)을 상호로 걸고 가게 안팎에다 내 사진까지 붙여놓고 족발집을 열어 성업 중이라면 기분이 어떨까? 족발은 필자가 좀 멀리하는 음식이기에 잠시 인상이 찌푸려졌겠지만 절대다수가 좋아하는 음식의 표상이 될 수도 있다면 이 한 몸 희생할 수도 있겠단 생각이 든다. 그런데 만일 족발집 한 곳이 성업 중인 수준을 넘어 여기저기 프랜차이즈 점포가 생겨나고 상당한 인기몰이까지 하게 된다면 단순히 배가 아픈 것만으로 끝날 일 같지는 않다.

영화배우나 탤런트, 개그맨, MC와 같은 연예인이나 운동선수 같은 유명인들은 어떠할까? 지금도 유명 개그맨의 이름과 캐릭터를 사용한 프랜차이즈 회사가 성업 중이고 유명 영화배우나 탤런트가 착용했다는 액세서리가 그때그때 불티나게 팔리는 것을 보면 이 문제는 필자 이름을 내건 족발집 영업과는 차원이 다른 문제로 커질 수 있음을 쉽게 알 수 있을 것이다. 바로 '퍼블리시티권'(the right of publicity) 문제다. 특정 개인에 대해 그 사람으로 특징지우는 이름이나 초상 등을 상업적으로 이용할 수 있는 권리를 말하는데, 심지어 음성(미국의 유명 여가수 배트 미들러의 음성이 퍼블리시티권으로 보호되었다!)과 극중 역할까지 그 대상에 포함된다. 지난해 제기된 퍼블리시티권 침해 소송만도 30건이 넘는다 하니 실제 분쟁 건수는 훨씬 많았을 것이며, 포털 사이트를 통한 검색광고나 오픈마켓이 활성화되어 있고 홍보성 블로그가 넘쳐나는 인터넷 환경에서는 일상적 법률 문제로 등극할 날도 머지않아 보인다.

그런데 만일 어떤 유명인이 필자에게 와서 자기 허락도 없이

제3자가 자기 이름이나 초상을 병원이나 가게의 홍보 블로그에 올려 사용하고 돈을 벌고 있으니 배상금을 받아달라고 한다면 필자는 이제까지와는 다르게 상당히 주저할 것이다. 필자가 이와 같은 사안에서 대부분 초상권이나 인격권 침해 말고도 퍼블리시티권 침해가 되고 배상을 받을 수 있다고 단언했던 것과는 다르게 말이다. 그 이유는 퍼블리시티권에 대한 법원의 태도가 확립되지 못해 심각하게 엇갈리는 판결이 최근 등장했기 때문이다.

퍼블리시티권의 원조라 할 수 있는 미국에서는 이 권리를 아예 법으로 인정하고 있는 주가 상당수이고 주법으로 인정하지 않는 주에서도 판례로 인정되고 있다. 이러한 흐름을 반영해서일까. 우리나라에서도 당연히 인정되는 것으로 알려졌고, 이를 인정한 하급심 판례도 꽤 존재했다. 예를 들면 배우 김선아의 사진과 사인을 성형외과 블로그에 올린 사건과 유이 · 민효린의 사진 · 예명을 성형외과 · 피부과 홈페이지에 올린 사건의 1심 및 신은경이 한의사를 상대로 한 비슷한 사건, 이미 사망한 소설가 이효석의 초상을 상품권에 사용한 사건, 유명 프로야구 선수들의 성명 이니셜을 모바일 야구게임에 제공한 사건, 사망한 미국 배우 제임스 딘의 이름을 딴 국내 상표 사건, 박찬호 브로마이드 사건, 배드민턴 국가대표였던 박주봉 선수의 이름과 초상을 상표와 서비스표로 사용한 사건 등에서 아직 법률로 인정되

지 않는 퍼블리시티권이 법원에 의해 인정됐던 것이다. 1990년
대 말부터 꾸준히 축적되어온 이러한 판결의 핵심 내용은 "비록
퍼블리시티권의 양도 및 상속성, 보호 대상과 존속 기간, 구제
수단 등을 규정한 우리나라의 실정법이나 확립된 관습법이 존
재하지는 않으나, 성명·초상 등에 대하여 형성된 경제적 가치
가 이미 광고업 등 관련 업계에서 널리 인정되고 있어 이를 침해
하는 행위는 민법상 불법행위를 구성한다."는 것이었다.

　이렇게 판례가 쌓여가면서 우리 같은 보통 사람들의 내면에
도 이미 오래전에 자리잡았던 초상권 침해나 프라이버시 침해
금지 같은 경고문구와 거의 비슷한 비중으로, 다른 사람들 특히
유명인들의 이름이나 사진을 함부로 사용하면 안 된다는 의식
도 자연스레 형성되어왔다. 더욱이 이 시기에 우리 사회는 정당
한 비용과 시간을 들인 공정한 경쟁보다는 물신주의나 외모지
상주의에 기대어 영리활동을 추구하는 비정상(free-riding)의 시
대를 질주하고 있었기에, 퍼블리시티권을 인정하는 법원의 판
결은 이러한 싸구려 영업 행태 등에 경종을 울리는 순기능적 역
할도 했다고 볼 수 있었다.
　다만 이러한 경향이 대다수의 인식으로 자리잡으면서부터는
약간의 폐단도 등장했다. 영리업체의 홈페이지나 홍보 블로그
에 유명인들의 이름이나 초상이 등장한다는 이유로 거액의 합

의금을 요구하는 업체도 등장했고 당연히 소송 건수도 급증했다. 문제가 된 사건이 대부분 연예인이나 운동선수와 관련된 것으로도 알 수 있듯, 퍼블리시티권이 유명인의 '몸값'을 올려주는 데만 기여한다고 비판하는 목소리도 존재했다.

이 와중에 1심에서 퍼블리시티권이 인정되어 승소했던 몇몇 사건이 2심에서 퍼블리시티권이 명확하지 않다는 이유로 뒤집혔고, 급기야 2014년 7월에는 배용준·김남길 등 유명 연예인 56명이 '키워드 검색광고 서비스'를 제공하던 포털 사이트 '네이트'를 상대로 제기한 소송에서 퍼블리시티권을 명시적으로 부인하는 판결까지 나오게 되었다.

이 판결이 특이한 것은 퍼블리시티권을 부인했던 2002년 서울고등법원 판결의 내용을 무려 12년이나 지난 지금에 와서 그대로 원용했다는 점이다. 즉 이 사건에서 법원은 "성문법과 관습법 등의 근거 없이 그 필요성이 있다는 사정만으로 물권과 유사한 퍼블리시티권을 인정할 수 없다."는 입장을 표명했는 바, 이 판결이 퍼블리시티권에 대해 12년 동안 이루어진 논의를 제대로 정리한 결과물인지는 알 수 없으나 이제까지의 판례 이론을 심화·발전시켰다기보다는 오히려 단순화한 것이 아닌가 하는 아쉬움이 남는다. 이 판결 직후에 나온 다른 사건의 판결(신세경·한혜진 등 여배우 4명의 성명, 사진, 드라마 포스터 및 출연 사진 사용 사건)에서도 이른바 '성문법주의'를 절대화하는 논리가 그대로 사용되고 있는 것을 보면 특히 그렇다.

물론 퍼블리시티권의 인정 여부에 관하여는 아직 우리 대법원 판결이 나온 적이 없고 이제까지는 모두 하급심 판결이기에 법원의 입장이 오락가락한다고 단정해버릴 수는 없는 일이다. 하지만 이런 종류의 사건이 대부분 하급심에서 조정이나 판결로 종결되어 대법원까지 올라가지 않는 것이 통례임을 감안한다면, 특정한 권리의 존재 여부에 대한 하급심의 혼선은 관련 업계는 물론 시민들의 일상생활에 불편함을 안겨준다는 점에서 결코 바람직하다고 할 수는 없다. 퍼블리시티권에 대해 깊이 있게 연구한 대법원 판결을 기다리는 이유다.

🔓 남상철

3. 넘어진 사람들의 용감한 외침

근로시간을
14시간 40분으로
정한 비밀

기간제 근로자들을 위한다며 제정된 '기간제 및 단시간 근로자 보호 등에 관한 법률(기간제법)'은 2년이 지난 근로자는 무기계약직으로 전환된다는 규정을 두고 있다. 그런데 이 때문에 오히려 2년이 지나면 해고하는 회사가 많고, 그래서 비정규직을 보호하기보다는 해고를 조장한다는 비판이 있다.

2010년 공공기관인 마사회에서 근무하다가 해고된 응급구조원 사건은 이보다 한 술 더 떠, 실제로는 2년이 아니라 3년을 근무했지만 그중 1년은 계약상 근무시간을 억지로 15시간 미만으로 줄여 법 적용의 예외에 해당하도록 만들었다. 이러한 근로시간이 인위적이고 잘못된 것이라는 소송을 제기하였지만, 법원은 계약내용대로 근로시간이 15시간 미만이라는 회사 주장을 받아들였다.

보람찬 직업을 꿈꾸는 여학생. 응급구조과를 우수한 성적으로 졸업한 그녀는 소방공무원 시험을 준비하면서, 경마장에서 주말 동안 응급구조사로 일을 시작한다. 경마장에는 전일제로 일하는 계약직 응급구조사와 그녀처럼 주말에 충원되는 '시간제' 응급구조사가 있는데, 토요일·일요일은 아침부터 밤늦게까지 경마장에서 언제 일어날지 모르는 사고를 대비해 초긴장된 상태에서 일한다. 능력 있고 싹싹한 그녀는 5개월 만에 전일제 계약직으로 근무해보면 어떻겠느냐는 제안을 받고 소방공무원 시험 문제를 고민하게 된다. 마침 정부는 '공공기관 비정규직 대책'이라며 상시적 업무에 종사하는 사람들을 무기계약직으로 전환하겠다고 했고, 실제 한국마사회에서도 몇몇을 '업무지원직'으로 전환해주었으므로, 꼭 공무원이 아니더라도 공공기관의 정규직이라면 괜찮다고 생각해서 공무원 시험 대신 전일제 계약직으로 계약서를 쓰게 된다. 기간제법에 정해진 2년이 지나면 선배들처럼 업무지원직으로 전환될 것을 기대하면서.

그렇게 2년을 기간제 응급구조사로 일하고 드디어 전환을 앞두고 있던 어느 날, 갑자기 '기간제 응급구조사'를 신규 채용한다는 공고를 보게 된다. 기간제법 때문에 2년 이상은 고용할 수 없어 그녀는 퇴사해야 하고 새로 뽑는다는 것이며, 업무지원직 전환은 아예 없다는 것이었다. 정부 정책도 바뀌어 종전 공공부문 비정규직 대책은 유지되지 않는다는 것이었다.

그런 그녀를 상담실에서 만나 이야기만 처음 들었을 때, 부끄럽지만 "2년 6개월을 기간제로 일한 셈이니 무기계약직으로 전환된다."고 큰소리를 쳤다. 물론 계약서를 안 본 것은 아니다. 계약서상의 '근로시간'이 이상하긴 했다. 아침 9시 30분에 출근해서 저녁 6시 20분에 퇴근해 경마장에서 머무르는 시간이 8시간 50분인데, '휴게시간'이 아침 30분, 점심 60분으로 무려 1시간

색지는 정규직,
흰색 용지는
인턴 또는
계약직 공고 입니다.

© 연합뉴스

한 대학의 취업정보 게시판. 회사에 항상 있는 일을 언제
든지 '계약직'이라는 이름으로, 이제 완전히 신분처럼 되
어버린 '비정규직'이라는 구분짓기로 얼마든지 써서 처
리할 수 있다는 입장에 서는 한, '비정규직을 더 보호하
는 법'이란 없다. 그저 사용자 입장에서 언제든 자를 수
있는 불안정한 지위의 기간만 2년으로 하는지 4년으로
하는지의 문제만 남을 뿐.

30분이나 되어서 '근로시간'으로 약속된 것은 7시간 20분이고, 토요일 · 일요일을 합쳐도 14시간 40분이다. 시급으로 계산하는 것도 아닌데 이례적으로 근로시간과 휴식시간이 명백히 나뉘어 있는 어색함. 이게 왜 문제냐고? 바로 기간제법 때문이다.

원래 기간제법에서는 2년 이상을 기간제로 근로하면 기간의 정함이 없는 것으로 보는데, 시행령에 수많은 예외 규정을 두고 있다. 그중에 15시간 미만 일하는 사람은 기간제법이 적용되지 않고, 몇 년이고 기간을 정해서 고용하다가 기간 만료로 퇴직시켜도 전혀 문제가 되지 않는다는 규정이 있다. 이에 따르면 그녀의 계약기간은 기간제법이 적용되는 2년과 적용되지 않을 수도 있는 6개월로 나뉘는 셈이었다. 이런 걸 알고 보면 그녀의 계약서에서 근로시간을 굳이 14시간 40분으로 정한 조항의 비밀이 풀린다!

삼척동자도 알 만한 이 계약서의 비밀을 판사님들이 모르실 리는 없다고 무모하게 믿으며 재판을 시작했다. 물론 이 근로시간이 유일한 쟁점은 아니었다. 근로계약의 갱신기대권이나 기간의 정함이 형해화됐다는 주장도 하고, 저 휴식시간이 사실은 대기시간이어서 아무 데도 못 가고 점심시간 1시간도 제대로 못 지킨다는 주장과 그 입증을 잊지도 않았다. 1심 재판부는 아무래도 계약서 생겨먹은 게 이상하다며 조정을 권고했다. 원고는 복직만 된다면 그동안 못 받은 임금은 다 포기할 수 있다며 적극적인 의사를 표명했다. 그러나 마사회는 받아들이지 않았다.

판결 결과는 원고 승소. 15시간 미만과 같이 예외 사유가 없는 기간만 넣어서 2년을 채우라고 한다면, 일부러 2년을 못 채우게 하려고 근로시간을 변경하는 편법을 쓸 수도 있고, 예외 사유 소멸 뒤 다시 2년을 고용했다는 것은 계속 채용할 뜻이 있다는 게 아니겠느냐는 것이었다. 마사회가 항소를 했고, 항소심 법원부터는 예외 사유가 있는 기간은 기간제법의 2년 기준에 포함되어서는 안 된다는 이유로 원고 패소 판결. 대법원에서도 그 결론이 그대로 유지되었다.

이것이 2014년 연말 대법원 판결이 선고되어 나를 또다시 패소 단골 변호사로 낙인찍어버린 마사회 기간제 사건이다. 내용은 정말 허무할 정도로 짧았지만, 여기저기 많이 소개되는 바람에 원고 대리인이 누구인지 알아본 지인들로부터 "어떻게 이런 소송을 지느냐."는 질책도 받았다.

무엇보다 힘든 기간을 보낸(해고 시점으로부터 근 4년 만에 받은 대법원 판결이었고, 이후 마사회가 소송 비용까지 청구해 경제적 부담까지 엄청났다) 그녀에게 면목이 없다. 진 주제에 뭐 잘했다고 구질구질한 '못 되면 법원 탓'을 하려는 것이 아니다. 최근 정부의 비정규직 대책 때문이다.

2년을 4년으로 정하면 4년 동안 보호받을 비정규직이 더 많을 것이니, 이렇게 2년마다 잘리는 사람이 없을 것이라고 한다. 아니, 2년의 기간이 어떻게 법에 들어온 것인지 벌써 잊었단 말인가. 상시적·계속적인 일자리에는 아예 기간제를 못 쓰게 해야 한다는 '사용사유 제한' 주장을 과도한 규제라고 거부하면서 "기간을 짧게 하면, 어차피 기업 입장에서는 웬만한 상용직에서는 기간제를 안 쓰게 된다."며 '기간 제한'으로 도입한 것이 아닌가. 그런데 그 '짧게 정한 기간'을 이제 와서 다시 늘리겠다니. 2년마다 잘리는 사람과 2년은 너무 짧아 아예 무기계약직으로 전환되는 사람을 비교해보니 2년마다 잘리는 사람이 더 많다는 것이 논리로, 4년으로 하면 적어도 4년마다 잘리겠으니 더 낫지 않겠느냐고 한다.

대체 그 4년은 누가 보장하는 기간인가. 4년으로 기간만 늘리면 모든 회사가 계약직 근무기간을 4년으로 늘려준다고 하던가. 불을 보듯 뻔하다. 4년은 상한일 뿐, 모든 계약은 지금처럼 1년 단위로 하고, 잘 보인 사람은 기껏해야 4번 계약을 갱신해주고 그나마 마음에 안 들면 2년이 아니라 1년만 지나고도 자를 수 있다. 정말 마음에 들어서 4년 이상 쓰고 싶은 사람은? 이 사건에서 그랬듯이 시행령에 준비된 여러 예외 조항 중 하나에 맞춰 한 6개월 쓰다가, 다시 4년 계약을 체결하면 그뿐이다. 법원은 예외 조항 소멸 전까지는 기간 계산에 포함시키지 않는다고 하니, 얼마든지 피해갈 수 있다.

회사에 항상 있는 일을 언제든지 '계약직'이라는 이름으로, 이제 완전히 신분처럼 되어버린 '비정규직'이라는 구분짓기로 얼마든지 써서 처리할 수 있다는 입장에 서는 한, '비정규직을 더 보호하는 법'이란 없다. 그저 사용자 입장에서 언제든 자를 수 있는 불안정한 지위의 기간만 2년으로 하는지 4년으로 하는지의 문제만 남을 뿐. 차라리 그 기간을 짧게 해서 일시적 필요가 아니면 기간제를 안 쓰도록 유인하는 것이 훨씬 더 낫다는 단순한 셈, 바로 자기네들이 기간제법을 만들면서 주장했던 그 셈법을 기억하는 것, 그게 그렇게 어렵나?

🔒 김진

'가구소송'이라는
시나리오

담합은 담합에 가담한 기업들 외의 대부분의 경제주체들에게 손해를 끼치고, 경제력 집중을 가속화시키는 시장경제의 적이다. 소수 기업들의 시장지배력이 클수록 담합이 일어나기 쉽고, 이로 인한 피해도 크다.

우리나라는 대기업의 경제력 집중이 심해서 담합이 일어나기 쉬운데, 규제는 솜방망이 수준이다. 그래서인지 대기업 경제력 집중은 해마다 심해지고 있다. 담합을 막기 위한 특단의 조치가 필요하다.

한동안 '가구소송' 또는 '가계소송'이라는 것을 추진해보고 싶은 의욕에 불타던 때가 있었다. 이를 경제적 영역에서 사법정의의 바로미터 겸 제도 개선의 촉진제로 생각한 것인데, 실현할 엄두를 못 내서 머릿속 생각으로만 두고 있었다.

이름도 생소한 가구소송이라니? 이건 집단소송이나 단체소송과 같은 정식 소송제도가 아니라 한국적 상황에 맞춰서 내가 혼자 궁리해서 지어본 이름이다. 좀 그럴듯하게 포장해서 말하면 '가구소송'이란 '사회적 연대를 통해 제도 개혁을 추진하기 위한 일종의 비제도적인 소송'이라고나 할까? 우리나라에서 집단소송제도를 도입하자는 논의가 있을 때마다 번번이 '시기상조'니 '소송 남발 우려'니 하는 해묵은 반대로 도입되지 못하고 있어서 그 돌파 수단으로 생각해본 것이다.

심리적·사회적 연대감을 느낄 수 있는 전형적인 몇 가구가 나머지 가구를 대표해서, 불공정한 경제행위로 인해 그 가구가 입은 손해에 대한 소송을 제기해서 사회적 관심과 연대를 촉발하고, 판결을 받을 경우 판결의 효력이 다른 가구에 법률적으로 미치지는 않지만, 불공정한 경제행위를 한 대기업을 압박하거나 제도 개선을 촉진할 수 있을 것이라는 점에 착안한 것이다.

내가 그려본 시나리오는 이랬다. 우선 소송 참가 의사를 지닌 대표성이 있는 몇 가구를 선정한다. 정규직과 비정규직의 월급 소득자 가구, 식당이나 슈퍼를 운영하는 독립 자영업자 가구, 중소기업 경영자 가구, 프랜차이즈 가맹점을 운영하는 가구, 실직 가구, 독립가구 등 10가구 정도면 대표성을 띨 것이다. 가구 구성원도 노인, 중년, 청년, 학생, 아이 등 대표성이 있도록 한다. 우리나라 대부분의 가구가 '어, 저 집은 우리 집이랑 비슷하네.'라는 생각이 들면 성공적으로 선정한 것이다.

그다음 단계부터 치밀한 분석이 필요하다. 대표가구들의 소득과 지출을 분석하고, 불공정한 경제행위로 인해 가구원이 입은 구조적인 손해를 찾아낸다. 주된 지출로는 주택·자동차·가구·TV·컴퓨터·휴대전화·냉장고 같은 내구재 구매, 교복·점퍼·화장품 등 소비재 구매, 통신비·교통비·연료비·학원비·

주거비 · 보험료 · 의료비 · 식비 등이 있을 테니, 각 부문별로 불공정한 경제행위로 인해 입은 구조적 손해를 따져본다.

모든 분야에서 불공정한 경제행위가 만연하니 찾아내는 것보다 골라내는 게 더 어려울 것이다. 중소기업을 운영하거나 자영업, 프랜차이즈 가맹점을 하는 대표가구라면 대기업이나 프랜차이즈 본부의 불공정한 경제행위로 인한 손해가 큰 몫을 차지할 것이다. 중요한 불공정 경제행위를 가려내기 위해 공정거래위원회에서 판단이 내려진 사례 중 규모가 큰 것을 우선해서 선별한다. 그동안 공정거래위원회에서 적발한 것만 해도 철강 · 판유리 · 밀가루 · 포장지 · 플라스틱 등과 같은 생산재나 원료는 물론 컴퓨터 · TV · 휴대전화 등 가전제품, 가구 · 교복 · 라면 · 우유 · 커피 등 소비재, 통신에서 보험료나 대출이자 등 금융부문까지 헤아리기 어려울 정도로 많다. 우리의 세금에서 지출되는 공공부문도 예외는 아니다. 도로 · 철도 · 지하철 · 댐 · 환경시설 등 공공건설 공사에서의 담합이나 의약품 가격 부풀리기, 의료비의 부당청구 등 부지기수다. 경제 규모로는 세계 15위의 선진국이라지만, 우리나라는 유난히 재벌의 경제력 집중도가 높고 주요 재벌의 계열사들이 시장을 주도하니, 담합이나 불공정한 거래가 만연할 토양이 되고 있는 셈이다.

그럼 이제 중요도에 따라서 손해배상을 받아낼 불공정행위를 선별한다. 이 과정을 거치면 모두 수십 건의 소송이 될 것이다. 소송의 피고는 우리나라의 내로라하는 대기업들이 될 것이다.

소송이 시작되면 할 일은 더 많다. 우리 대표가구들의 구매내역이나 거래내역을 입증해야 한다. 그리고 각 불공정 경제행위별로 손해를 입증해야 하는데, 전문가의 감정이 필요하다. 문제는 우리의 대표가구들이 감정비용을 감당할 수 없다는 데 있다. 국가가 소송구조를 통해 비용 보조를 해준다면 좋겠지만, 나의 불길한 예감으로는 국가가 감정비를 보조해주지 않으려고 할 것 같다. 공정거래위원회라면 도와주지 않을까? 글쎄, 제도도 미비하고, 도와주지 않을 것 같다. 유럽이나 일본, 미국 등에서는 국가나 공정거래위원회 같은 기관이 손해액 입증에 도움을 주거나, 국가나 지방정부가 소송을 제기하거나, 집단소송을 통해 효과적으로 손해배상을 받을 수 있는 제도가 마련되어 있다. 우리나라와 격차가 너무 크다. 특히 유럽은 최근 가구들이 효과적으로 피해 회복을 받을 수 있도록 국가에서 도와야 한다는 것을 거듭 천명하며 입법화하고 있다.

피해자들이 돈이 없어서 전문가 감정을 신청하지 못하면 어떻게 될까? 법정에서는 "기업들이 담합을 했지만 소비자는 손해를 입지 않았다."는 대기업 쪽 변호사들의 궤변과, "손해액을 입증하지 못하면 청구를 기각해야 한다"는 주장과, 무책임한 소송이라는 재판부의 따가운 질책에 시달릴 것이다. 설마 변호사가

"담합을 했어도 손해가 없다."고 주장할까 싶지만, 내가 수행한 모든 담합 사건에서 기업 쪽 변호사들은 이구동성으로 그 주장을 했다. 돈이 없어서 감정을 못 하면? 재판부로부터는 줄줄이 싸늘한 패소 판결을 받을 가능성이 크다. 이런 걸 생각하면, 전문가의 감정을 제시할 수 없다면 가구소송은 머릿속에서만 맴돌 수밖에 없다.

그러나 실제 소송을 못하더라도 가구 손해에 대한 연구만으로도 의미 있을 것이다. 불공정행위로 인한 가구당 손해액을 추정하고, 가구소득에서 차지하는 비율을 계산해보면 불법적 수익이전이라는 중요한 지표를 확인할 수 있을 것이다. 전문적인 계산은 아니지만(전문적인 계산이 꼭 필요하다), 우리나라의 경우 가구소득에서 불공정행위로 인한 손해 비율이 10%는 족히 넘을 것 같다. 그만큼 가구들의 가처분소득이 주는 것이다. 그런데 실제 배상되는 금액은 0원에 가깝고, 배상비율도 0%에 가깝다.

우리나라가 가구들의 손해비율이 높을 것이라고는 짐작되지만 배상비율은 그에 비해 낮은 이유는 무엇일까? 소송제도의 불비와 법원의 엄격한 입증 요구, 이런 유형의 소송을 지원하기는 커녕 백안시하는 국가의 비협조적인 태도 때문이다. 가구 손해의 회수에 대한 제도적 지원 여부를 경제적 영역에서 사법정의의 바로미터로 볼 수 있을 텐데, 그 점에서 우리나라는 아주 열악한 상태다. 손해비율은 3% 정도로 낮추고, 회수비율은 현재의

0%에서 50%는 넘도록 제도가 개선되어야 한다.

　대기업만 살찌고 가구들의 가처분소득이 줄어서 점점 더 장기 불황의 깊은 늪에 빠지고 있는 한국 경제에 경제민주화는 절박한 과제다. 부자 증세나 고용 안정, 복지지출 증대 등 중요한 구조 개혁을 더 이상 미룰 수 없다. 그러나 그전에 불공정한 행위로 가구들로부터 부당하게 가져간 대기업들의 수익이 가구들에게 효과적으로 반환될 수 있도록 제도를 개선하는 것. 이것은 논란이 있을 수 없는 가장 기본적인 과제다.

　오늘도 집단소송제 등 경제적 영역에서 사법정의를 구현하기 위한 제도 개선은 소식 없이 늦어지고 있다. 그렇다면 우리를 대표하는 대표가구들의 가구소송을 추진해보는 것도 분명 의미가 있으리라. 조금 더 힘을 모은다면 불가능하지만은 않으리라.

🔓 이은우

　　　　　3. 넘어진 사람들의 용감한 외침

티켓다방의
무책임한 어른

위기 청소년 지원활동을 하던 중, 지방소도시 티켓다방에서 일하던 14세 청소년이 '차 배달'을 하다 교통사고를 당해 큰 부상을 입은 사건을 맡게 되었다. 처음에는 보호자 행세를 하며 사건을 축소시키려 했던 다방사장은, 병원비가 늘어나자 자취를 감추었고, 산업재해가 문제되자 뒤늦게 나타나 "말렸는데도 자기가 오토바이를 타고 나가다가 사고가 났다."며 발뺌을 하였다.

근로복지공단은 법을 형식적으로 적용하여 범죄행위(유사성매매, 무면허운전)가 개입되었다며 산재로 인정해주지 않았다. 재판은 이겨 치료비는 산재로 처리되었으나, 재판 후 소식이 끊겨 갈 곳도 없던 그가 어떻게 되었는지는 알 수 없게 되었다. 바쁘다고 핑계를 대보지만, 다방사장이나 공단직원처럼 나 또한 무책임한 어른의 한 사람뿐인 것은 아닐지.

그렇게 불행한 기억이나 특별한 사건이 없었는데도, 나는 드라마든 만화든 학원물만 보면 쉽게 감동을 받는다. 우는 일도 예사고, 쉽게 화내고 웃고 슬퍼한다. 나이를 먹어도 마음은 아직 그 시절에 머물러 있어서라고 비웃을 수도 있겠다. 그래서 그때 청소년 보호 종합지원센터(청소년 헬프콜 1388, 지금은 여성가족부가 담당하고 있는데, 그때에는 '청소년위원회' 산하였음)에서 법률지원단에 참여해 달라고 했을 때도 쉽게 거절을 못했던가 보다. '위기 청소년'들의 법률적 문제를 돕는 일이라고 했지만, "아이들에게 무슨 위기가, 무슨 법률 문제가 있겠어."라고, 그렇게 무식한 만큼 용감하게 생각했던 것 같기도 하다.

지원단에 참여한 지 얼마 되지 않아 병원에서 비용 때문에 퇴원하지 못하는 한 아이를 만났다. 스쿠터를 타다가 두개골에 선상골절을 입어 입원 중이었다. 열여섯. 법적으로 오토바이 면허를 딸 수 없는 나이였고, 나이보다도 훨씬 어려 보였다. 어쩌다가 스쿠터를 탔을까.

송탄에 있는 한 다방에서 차 배달을 하고 있었다고 했다. 말이 차 배달이지, 실제는 소위 '티켓' 일을 하였다고 했다. '티켓' 일이란 차 배달 요청이 있을 때 차 배달을 하고, 배달을 나간 곳에서 시간을 보낸 대가로 돈을 받아 다방 사장에게 입금하는 것이다. 사고가 난 그 날도 아이는 차 배달 요청을 받았고, 다방 사장에게서 직접 오토바이 열쇠를 받아 타고 다방을 출발하였다고 했다. 그러다가 근처 도로에서 앞에 있는 장애물을 미처 발견하지 못하여 쓰러지는 사고가 발생하였고, 두개골에 금이 가는 큰 부상을 입은 것이었다.

다방 사장은 처음에는 다른 종업원을 보호자로 내세워 수술을 받게 하였는데, 수술비와 치료비가 생각보다 많이 나와 수천만 원에 이르자 보호자 행세를 그만두고 "차라리 경찰서에서 벌금을 내겠다."며 모르는 척하기 시작했고, 결국 병원 측에서 병원비 문제로 부모에게 연락을 하면서 문제가 생겼다. 센터에서

3. 넘어진 사람들의 용감한 외침

소개받은 대부분의 '위기 청소년'이 그렇듯, 아이 역시, 가족이라고는 집을 이미 나가버린 어머니와 집에 잘 들어오지 않는 아버지뿐이었고, 아버지와 사실혼 관계라는 '이모'를 피해 집을 나온 상태였다.

병원비는 어떻게 해야 하나. 아이는 청소년 보호 종합지원센터의 도움을 받아 근로복지공단 수원지사에 요양신청, 그러니까 업무상 재해를 입은 것이므로, 산재보험금으로 치료비를 지급해 달라는 신청을 하였다.

공단은 이를 받아들이지 않았는데, 그 이유는 유사 성매매행위인 티켓다방 일이 '업무'에 해당하지 않고, 업무로 본다고 하더라도 무면허 운전은 '범죄행위'이기 때문에 '근로자의 고의자해 행위나 범죄행위 또는 그것이 원인이 되어 발생한 사상이 아닐 것'이라는 산업재해보상보험법 시행규칙에 따라 보상대상이 아니라는 것이었다. 규정만 보면, 그랬다. 무면허 운전은 도로교통법 위반의 위법행위가 분명했고, 아이는 실제 무면허 운전으로 입건되어 벌금형을 선고받기도 했다.

법원으로 갔다. 얼핏 보기에는 법과 시행규칙의 해석 문제만 남은, 지극히 법리적인 사건처럼 보였지만, 보다 중요한 것은 도대체 왜 고등학교 1학년 아이가 면허도 없이 스쿠터를 타고 차 배달을 나갔는지를 보일 필요가 있었다. 왜 그 아이만 도로교통법 위반으로 처벌받고, 근로기준법, 성매금지법, 청소년보호법을 위반한 것이 분명한 다방사장은 아무런 처벌도 받지 않는지. 법이 그렇게 되어 있다고 하더라도 과연 이 사고가 아이 본인이 무면허 운전을 했기 때문에 일어난 것인지. 법원에 물으려고 했다.

심지어, 법원을 통해 아이의 무면허 운전에 대한 형사사건 기록을 가져다 보는 과정에서, 다방 사장이라는 사람이, 무면허 운전에 대한 책임을 벗겠다고 '다방 앞에 있었는데, 저한테 오토바이를 탄다고 말하길해, 저는 안 된다고 하고 걸어서 가라고 하였는데, 다른 지인으로부터 열쇠를 받아서 임의로 타고 나간 것'이라는 황당한 진술을 했다는 것도 알게 되었다. 말도 안 되는 진술이라고 강하게 주장했더니, 피고(근로복지공단)가 다방사장을 증인으로 신청했다. 문제는 이 사람이 나오지 않았다는 것.

이제는 경찰서에서 이 사장이 한 말을 법원이 믿어주는지 하는 것만 남았다. 그렇지 않으면 이런 경우까지 범죄행위라는 이유로 보상할 수 없다고 한다면 그건 위헌이라는 헌법재판을 제기해볼까. 이런저런 고민 끝에, 그래도 법원을 한 번 더 믿어보자는 심정으로 재판을 마쳤다. 다행히도 법원은 이러한 기대에 맞게 원고 승소 판결을 해주었다.

무면허 운전을 할 수 있는 상황을 방치하고 묵인해왔던 것으로 보이는 점, 지시에 따른 차 배달은 원고의 본래의 업무라 할 것인데 차 배달을 위한 오토바이 운전행위는 이러한 업무에 수

3. 넘어진 사람들의 용감한 외침

반하는 필요한 행위라고 볼 수 있는 점, 무면허 운전이라고 하여 바로 업무수행성이 부인되는 것은 아닌데다가 배달업무의 성격상 교통사고는 위 업무수행을 위한 운전과정에서 통상 수반되는 위험의 범위 내에 있다고 보이는 점, 또한 이 사건 재해가 통상적인 운전업무의 위험성과는 별개로 오로지 무면허 운전만이 원인이 되어 발생한 것이라고 볼 만한 뚜렷한 자료도 없는 점, 그밖에 티켓다방 영업형태, 고용관계 등을 고려할 때, 원고의 업무는 사업주의 지배·관리 하에 있었고 따라서 이 사건 상병은 업무수행 중 그에 기인하여 발생한 것이라고 본 것이다.

말이 좀 복잡하기는 하지만, 결국 면허도 딸 수 없는 어린 아이에게 스쿠터를 타고 차 배달을 나가게 시킨 것도 그 사장이므로, 아무리 무면허 운전이 범죄행위라고 하더라도 그것만으로 본인의 책임을 물어 업무수행성을 부정할 수는 없다는 뜻이다. 아이에게 비정상적인 차 배달 업무를, 무면허 운전을 시킨 것이 어른인데, 그 책임을 아이에게 불이익을 주는 방법으로 물을 수는 없다는, 지극히 상식적인 판단이었다.

이런 법원 판결 덕에 아이는 병원비를 낼 수 있었고, 퇴원도 할 수 있었지만, 나는 그 이후에 아이가 어떻게 되었는지, 전혀 모른다. 아이 명의 통장에 입금되었을 휴업급여(입원치료 기간 중에 지급되는 산재보험금의 하나)는 과연 아이를 위해 쓰였을까. 퇴원한 아이는 학교로 돌아갔을까. 아니면 또 다른 다방으로 가게 되었을까. "어찌되었든 무면허 운전을 했으니 보상을 할 수 없다."던 근로복지공단 직원처럼, 나도 "법률지원만 한 것이니 승소판결이면 되었다."는 또 한 사람의 무책임한 어른이 되어버린 것인지도 모른다.

🔒 김진

4

"그래도 한번 해봅시다"

무모함을
키워준 씩씩한 언니들

1997년부터 시작된 외환위기. 국제통화기금(IMF)은 구제금융의 대가로 금융기관에 대한 강도 높은 구조조정을 요구하였고, 농협은 직원들을 정리하는 방법으로 '희망퇴직'을 모집하면서, "사내부부 중 1인이 사직서를 내지 않으면 남편 직원을 휴직시킨다."는 조건을 내걸었다. 그 결과 모두 762쌍의 사내부부 직원 중 '아내' 직원 668명이 사표를 냈다. 이러한 희망퇴직 조건 자체가 성별에 기초한 차별이고, 자의에 의한 퇴직이 아니라는 소송을 제기하였지만, 법원에서는 사직서 제출을 이유로 받아들이지 않았다.

까마득한 선배들 앞에 면구스럽지만, 이 동네에서 십수 년 지내다보니 가끔 "가장 기억에 남는 사건이 뭐냐."는 질문을 받을 짬밥이 되었다. 극적으로 무죄를 받은 살인사건이라거나 어려운 처지의 불우한 이웃을 도와 비극적인 처지를 바꾸었다는 무용담이 줄줄 나와야 모양이 나겠는데, 자꾸 패소 사건 당사자들이 스쳐간다. 패소하면 "더 열심히 했더라면 이길 수 있었을까."를 되물으며 밤잠을 설치던 20대의 진심은, 어느덧 '이기면 내 덕, 지면 법원 탓'을 외치는 40대의 뻔뻔함으로 바뀌었건만 몇 년이 지나도 여전히 "나 때문일까? 그때 내가 조금 더 잘했더라면?"을 묻게 되는 일도 있다. 직장여성 차별의 대명사처럼 되어

버린 '농협 사내부부 해고 사건'이 그중 하나다.

국제통화기금(IMF) 구제금융 여파로 구조조정이 한창이던 1999년, 당시 1년차 변호사였지만 쟁쟁한 노동법 전문가 선배를 모신 덕에 여성단체가 나서 형사고발을 하고 소송 참여자를 찾던 이 사건에 참여하게 되었다. 간략하게 사건 설명부터 하면 이렇다. 구조 조정을 실시하며 '부부 직원'을 '상대적 생활 안정자'라고 하여 명예퇴직 권유 대상에 포함시켰는데, 말이 권유이지 퇴직 신청을 안 하면 무급휴직이 기다리고 있고, 휴직이 끝나더라도 언제 복직될지 알 수 없기 때문에 사실상 구조조정 대상이 된 것이다.

여기서 그치면 사내부부들 처지에서는 억울하기야 하겠지만 여성 차별로 보기는 어려운데, 나머지 대상자들의 경우 권유에 따르지 않으면 본인이 휴직 대상자가 되는 반면 사내부부는 "사내부부 중 1인이 명예퇴직 신청을 하지 않으면 남편 직원이 휴직 대상이 된다."는 단서가 붙었다는 것이 문제였다. 실제 이 조건은 마법의 주문 같은 효과를 낳았다. 사내 부부 762쌍 중 688쌍의 '아내' 직원이 사표를 낸 것이다. 회사는 이런 조건에서는 대부분 아내 직원이 퇴직 신청을 할 수밖에 없는 우리 사회의 성 역할 고정관념과 가부장적 문화를 누구보다 잘 알고 있었고, 이 차별적 결과 역시 충분히 예상하고 활용한 것이다.

하지만 신고센터까지 열어두었는데도 한동안 소송 참여 신청자를 찾을 수 없었다. 사표를 낼 수밖에 없는 이유, 그러니까 남편이 계속 근무하고 있어 농협을 상대로 무언가를 한다는 엄두를 낼 수 없었던 것이다. 그런데 막 포기하려고 할 때, 두 사람의 아내 직원이 찾아왔다. 처음에는 다른 사람들처럼 남편 생각해서 참으려고 했지만 시간이 갈수록 억울하고 분해서 안 되겠더라고 했다. 학교를 졸업하고 바로 입사해 평생직장으로 알고 10년 넘게 열심히 일했고 같은 직장에서 사랑하는 사람을 만나 결혼했을 뿐인데, 그게 무슨 잘못이라도 되는 것처럼 구조조정 대상이 되고 '며느리는 출근하는데 아들은 놀면 어느 시부모가 좋아하겠느냐, 내조는 이럴 때 하는 것'(실제 지점장이 한 말이다)이라는 말을 들으며 퇴직하게 되다니. 두 사람 모두 승진을 앞둔 고참 여직원이었고 일에 대한 자부심이 큰 '언니'들이었다.

드디어 재판이 시작됐다. '금차 순환명령 휴직 후 복직 없이 정리해고할 수밖에 없음… 부부 직원-특히 여직원-배우자인 남편에게 불이익이 있음을 주지시킴, 우선적으로 남편을 통하여 배우자 명퇴 유도'라고 적힌 서류도 나오고, 전체 명예퇴직 권유 대상자 중 실제 신청자는 82% 정도인 반면 부부 사원은 98%가 신청했다는 수치도 확인됐다.

하지만 법원은 '부부 직원에 대하여 수차례 명예퇴직을 종용하며 그러지 않으면 남편들이 순환명령 휴직 대상자가 될 것이고 그 후 복직이 불투명하며 그들이 바로 정리해고 대상자가 될 것이라는 점을 고지하였다는 사실은 인정'하면서도, '사회·경제적 관점에서 용인된다.'고 하는 기이한 논리로 은행 쪽 손을 들어주었다. 항소심에서는 전문가 증언을 포함해 모두 5명의 증인을 신문하고 원고 본인 진술도 했으나 결론은 같았고, 대법원에서도 마찬가지였다. '스스로 퇴직 신청을 한 것'이라는 은행 쪽 주장을 넘어서지 못했던 것이다.

이 재판은 3년 가까이 계속됐다. 당연히 세간의 관심은 예전 같지 않아졌고, 사람들은 경기회복의 봄을 즐기는 듯했다. 담담히 사건을 진행하던 선배 변호사들과는 달리 '꼭 이겨야 하는 사건' 패소 경험이 없던, 그리고 아직 법원에 대해 믿음이 남았던 신참 변호사는 이 사건을 대할 때마다 초조했다. 거의 비슷한 다른 회사 사건이 항소심부터 승소하기 시작하자, 괜히 중요한 사건을 내가 망치고 있는 건 아닐까 덜컥 겁이 나기도 했다. 하지만 그렇게 의기소침해할 때마다, 나보다 훨씬 더 많이 아팠을 사건 당사자들에게서 격려를 받았다. 어리바리 변호사가 불안했을 텐데, 단 한 번도 내색을 않고 따뜻한 붕어빵이나 시원한 냉커피와 함께 늘 '파이팅'을 외쳤다. 대법원에서까지 안 좋은 결과를 받고도 "재판을 해봐서 속이 시원하다."고 했고, 그 뒤로 많은 퇴직 아내 직원들도 용기 내어 재판을 시작한 것도 잘된 일이라고 하며 "이제 변호사님을 자주 못 만나는 게 더 아쉽다."는 감사 인사까지 받았을 때는 정말 쥐구멍이라도 들어가고 싶었다. 그들은 해고 이후 같은 지점에서 월급 반토막의 계약직으로 일하거나 다른 은행의 계약직을 전전하고 있었지만, 늘 씩씩했고 후회보다는 최선을 다했다며 앞으로 은행들이 이런 일을 함부로 못할 것 아니냐는 자부심을 보여주었다.

변호사 시작하고 첫 3년, 가장 이기고 싶었던 사건의 패소. 자칫 트라우마가 될 수도 있던 일을, 나는 그렇게 씩씩한 언니들의 위로로 넘어설 수 있었다. 그 뒤에도 다른 곳에서 여러 번 언니들을 만났다. 여자만 '40세 정년퇴직'이라는 차별에 맞서 홀로 싸워야 했던 사무직원, 같은 회사에 취직해도 승진은커녕 임금 인상도 꽁꽁 묶여 열받았던 특정 직군 근무자, 출산 때문에 퇴직했다가 같은 은행의 계약직으로 들어가 2년 단위로 해고되는 일에 분통 터뜨리며 비정규직 노조를 만든 은행원, 남들 다 받는 성과급을 왜 못 받느냐며 소송을 하겠다던 영양사들…. 때로는 실망스런 결과를 전해야 했지만, 언니들은 늘 먼저 일어서서 힘내라고 말해주었다. 그 덕에 나는 맷집이 세졌고, 여전히 많이 아픈 패소 판결을 듣고도 다시 일어나 "그래도 한번 해봅시다."를 외치는 무모한 조언자가 되었다. 더 많이 공부해 꼭 이기고 싶다는 갈망도 커졌고, 머뭇거리는 후배들을 살살 꼬드기고 부추기는 일도 많아졌다. 다 언니들 덕분이다. 아, 맷집만 키우지 말고 실력도 키워서 얼른 언니들에게 진 빚을 갚을 수 있는 날이 빨리 와야 할 텐데. 아직 갈 길이 멀다.

🔒김진

4. "그래도 한번 해봅시다"

변호사 15년,
3급 장애인 1년

필진인 중견 변호사가 갑자기 중도 장애인이 된 후 장애에 대한 생각을 정리한 글이다. 우리나라 장애인의 수가 생각보다 많다는 사실과 그들의 현실이 암울하다는 사실을 현실로 받아들이고 있다.

변호사가 된 지 만 15년이다. 그리고 3급 장애인이 된 지 만 1년이다. 사회적 약자 편에 서서 세상을 바라보려 했는데, 이제는 노력하지 않아도 사회적 약자 처지에서 세상을 바라볼 수 있다. 이런 우라질레이션. '체험'과 '일상'의 차이는 상당하다. 다시 비장애인이 된다면 "장애는 불편한 것에 불과하다."는 속 편한 얘기로 위로하지 않으련다. 장애인과 인권. 나의 새로운 관심사가 되었고, 하나하나 배워나가고 있다. 지난 15년 동안의 변호사 활동 기억은 접어두고, 앞으로 기회 있을 때마다 나와 주위 장애인들의 이야기를 하련다.

법률적으로 장애인은 누구인가. '신체적 · 정신적 장애로 '오랫동안' 일상생활이나 사회생활에서 상당한 제약을 받는 자'다 (장애인복지법 제2조 제1항). '오랫동안'이므로 몸이 아파서 병원에 입원하는 사람이 모두 장애인은 아니다. 그건 환자다.

장애인은 장애인복지법에 따라 시장·군수 또는 구청장에게 '내가 장애인이다.'라고 등록해야 한다. 그러나 벌칙 조항이 없다. 그래서 의학적으로는 분명 장애인인데도 등록하지 않은 사람이 많다. 등록 신청을 하면 국가는 심사를 한 뒤 '너는 장애인이 맞다.'라고 장애인복지카드를 내준다. 장애인복지카드를 받으면 이런저런 할인 혜택을 누릴 수 있다. 밖에 혼자 나돌아다닐 수 있을 정도가 아닌 한 지하철 무임 탑승 혜택은 그림의 떡이고, 보통은 통신요금 30% 할인 혜택을 제일 좋아한다.

국가는 장애인을 15가지로 분류해 관리한다. 일반인에게 익숙한 것도 있고 생소한 것도 있다. 팔다리에 장애가 있거나(지체), 외상성 뇌손상이나 뇌졸중 등으로 신체적 장애를 겪거나(뇌병변), 정신 발육이 항구적으로 지체되어 지적 능력의 발달이 불충분하거나(지적), 자폐증이 있거나(자폐성), 정신분열병이 있거나(정신), 안면 부위의 변형·기형이 있거나(안면), 배변·배뇨 기능에 장애가 있거나(장루·요루), 간질병을 앓거나(간질), 신장, 심장, 호흡기, 시각, 청각, 언어, 간 장애인이 그것이다.

보건복지부 통계를 보면, 2010년 말 기준으로 우리나라의 등록 장애인 수는 251만여 명으로 전체 인구의 4.9%, 20명 중 1명 꼴이다. 꽤 많다. 역대 가장 많은 표를 얻었다는 박근혜 대통령의 득표수가 1577만여 표이니까, 등록 장애인과 그 가족의 표만

얻으면 대선에 나가도 꿀리지 않는다.

국가는 장애 정도에 따라 장애 1급부터 6급으로 나눈다. 내신은 1급이 좋지만, 장애는 1급 상태가 제일 나쁘다. 장애인이 된 뒤 제일 눈에 띈 것은 중증장애인과 유소아장애인이다. 하나는 너무 심해서, 하나는 너무 어려서 마음이 아프다.

'중증장애인'이란, '장애인 중에서 장애 정도가 심해 자립하기가 매우 곤란한' 장애인을 말한다(장애인복지법 제6조). 주로 1·2급 장애인이 해당되는데, 뇌병변·시각·정신·상지 장애인은 3급도 중증장애인으로 본다. 가장 중증인 1급 장애인은 얼마나 될까. 2010년 말 기준으로 1급 중증장애인은 21만여 명이다. 강원도 강릉시 인구가 대략 21만 명이니 강릉시 인구 정도가 1급 장애인인 셈이다.

1급 장애인은 뇌병변장애(6만 6천여 명), 지적장애(4만 7천여 명), 지체장애(3만 9천여 명), 시각장애(3만 3천여 명) 순이다. 나이대로는 20대가 1만 9천여 명, 30대가 2만 1천여 명, 40대가 2만 8천여 명, 50대가 3만 3천여 명으로 한창 사회생활을 해야 할 청장년층도 상당히 많다.

가장 많다는 뇌병변 1급 장애인이면 어느 정도 상태일까. 한마디로 혼자 휠체어에서 화장실 양변기로 옮겨갈 수 없다고 보면 된다. 비장애인에게는 아주 단순한 동작이지만, 그들에겐 난

이도가 높다. 일단 1~2초 정도 선 뒤, 제자리에서 무려 180도를 돈 다음 위치를 잘 맞춰 엉덩이를 변기에 기대야 한다. 기마 자세까지 취해야 하는 대변 뒤처리는 말할 나위 없다. 이런 뇌병변 1급 장애인이 인천 강화군 인구수만큼 전국에 있다.

그런데 이토록 많은 1급 장애인이 도대체 어디에 있나. 당연히 눈에 잘 띄지 않을 수밖에 없다. 돌아다닐 수 없으니까. 중증 장애인과 그 가족의 첫 고민은 아주 단순하다. 어디서 살 것이냐다. 집에 있는다? 화장실도 혼자 못 가니 집에 혼자 놔두기 불안하다. 가족은 돈을 벌어야 하고 장도 봐야 하고 자기 생활을 해야 한다. 그래도 일단은 집에서 살게 된다. 집에 혼자 있다보면 사고가 발생한다. 지난해에도 줄초상을 치렀다.

지난해 9월 근육병을 앓고 있던 1급 장애인 허정석(33) 씨가 활동보조인이 퇴근하고 어머니가 집에 오는 사이, 산소호흡기가 빠져 사망했다. 10월에는 경기도 파주에서 부모가 일을 나간 사이 집에 불이 나자 열세 살 누나가 열한 살 뇌성마비 1급 동생을 구하려다 연기에 질식해 남매 모두 숨을 거둔 일이 발생했다. 또 같은 달 서울에 사는 장애인 인권활동가이자 자신도 뇌병변 1급 장애인인 김주영(33) 씨가 활동보조인이 퇴근하고 3시간 뒤 집에 화재가 발생해 질식사했다. 12월에는 충북 청원군에 살고 있는 2급 지체장애인 50대 조아무개 씨가 어머니가 외출해서 귀가하지 않은 사이 혼자 있는 집에서 불이 났지만 누운 그대로

4. "그래도 한번 해봅시다"

© 연합뉴스

'시외이동권과 여행할 권리'를 주장하며 이동권 보장을
정부에 촉구한 장애인들. 그런데 이토록 많은 장애인이
도대체 어디에 있나. 당연히 눈에 잘 띄지 않을 수밖에
없다. 돌아다닐 수 없으니까. 중증장애인과 그 가족의 첫
고민은 아주 단순하다. 어디서 살 것이냐다. 집에 있는
다? 화장실도 혼자 못 가니 집에 혼자 놔두기 불안하다.
가족은 돈을 벌어야 하고 장도 봐야 하고 자기 생활을 해
야 한다. 그래도 일단은 집에서 살게 된다. 집에 혼자 있
다보면 사고가 발생한다. 지난해에도 줄초상을 치렀다.

화마에 휩싸여 숨졌다.

이들은 모두 가족이나 활동보조인이 없는 사이에 혼자 있다가 변을 당했다. 만일 누군가 곁에서 약간만 도와주었다면, 인공호흡기만 다시 끼워줬다면, 휠체어로 옮겨만 줬다면 그들은 죽지 않았을 것이다.

정부는 집에 있는 중증장애인을 위해 2011년부터 집에 방문하는 활동보조지원제도를 시행하고 있다. 그러나 활동보조인수가 적고 혜택을 받을 수 있는 대상자도 제한되고, 혜택을 받는시간도 얼마 되지 않는다. 현재 조금이라도 장애인 활동보조 지원을 받고 있는 1급 장애인 수는 전국에 5만여 명에 불과하고, 나머지 장애인들은 외부 도움 없이 혼자 또는 가족의 도움을 받으며 알아서 살아야 한다.

그렇다면 다른 장애인들과 함께 시설에 모여 사는 것은 어떤가? 중증장애인 주거시설을 비롯해 최근에는 단기보호시설, 공동생활가정 등 여러 형태가 시도되고는 있다. 그러나 역시나 시설이 많지 않아서 이용 혜택을 보기 어렵고, 대부분 가족이 있는집에서 멀리 떨어져 있기 때문에 가정과 사회로부터 격리되는것에 대한 부담이 있다. 지난해에는 인천 계양구에 있는 장애인주거시설에서 거주하는 장애인을 폭행하고 성추행한 사건이 발생하는 등 시설 관리·감독에도 한계가 있다.

4. "그래도 한번 해봅시다"

중증장애인 거주시설 서비스, 가장 기초적이고 필수적인 서비스다. 이것이 뒷받침되지 못하면 다음 단계로 나아갈 수 없다. 우선 활동보조인 혜택을 확대해야 한다. 주거시설 수를 늘리고, 장애 유형에 맞는 시설을 다양하게 갖춰 장애인의 입소 선택권을 강화해야 한다.

　집에 있기도, 시설에 가기도 어려운 중증 장애인들, 살 곳부터 해결해야 한다.

🔒 이상훈

형기 마치면
다시 가두는
'보호감호소 제도'

헌법재판소는 보호감호가 이중처벌에 해당하지 않는다고 보고 합헌결정을 했었다. 그러나 2003년에 600여 명의 감호자들은 다시 한번 보호감호제도의 위헌성을 주장하면서 헌법소원 청구를 하였다. 그런데 재판 진행 중에 국회가 보호감호제도의 위헌성을 인정하고 2005년 8월 4일 보호감호제도를 규정한 사회보호법을 폐지하였다. 이에, 감호자들은 헌법소원청구를 취하하였다.

그러나 국회는 보호감호제도를 폐지하면서도, 당시 감호소에 있는 감호자들과 이미 보호감호를 선고받은 사람들에 대해서는 예외규정을 두었다. 즉, 이들은 보호감호제도가 폐지되었지만 이미 선고받은 보호감호는 집행받아야 했다. 감호자들이 예외규정에 대하여 헌법소원을 제기하였으나, 헌법재판소는 이전과 같이 보호감호가 이중처벌에 해당하지 않는다고 보고 합헌 결정을 하였다.

'재소자들의 대모'.

같이 일한 선배 변호사가 붙여준 한때의 별명이다. 지금은 관련 사건을 전혀 다루지 못해 입에 담기도 부끄럽지만, 한때는 전국 교도소에서 일주일에 5~6통씩 편지가 올 정도로 교도소 관련 사건을 많이 다뤘다.

2000년대 초까지만 해도 교도소 안의 처우 문제를 변호사에게 하소연하기란 결코 쉬운 일이 아니었다. 예전에는 교도소에서 글 쓰는 것조차 교도소 당국의 허가를 받아야 했다. 어느 교도관이 교도소 문제로 변호사에게 편지 쓰는 걸 선뜻 허가하겠는가 말이다. 재소자가 편지 쓰는 것을 허가해달라고 교도관과 입씨름하는 것은 기본이고, 허가 없이 편지를 작성했다고 징벌을 받는 일도 많았고, 교도소 쪽이 내용을 문제 삼으며 발송하지 않는 경우도 허다했다. 실제로 교도소 쪽이 재소자가 나에게 보내는 편지를 못 쓰게 하거나 발송해주지 않아 소송까지 한 일도 있다. 그래서 내 책상 앞까지 '무사히' 배달된 재소자들의 편지를 보면, 그 지난한 힘겨룸을 알고 있기에 특별한 일이 없는 한 간단하게라도 답장은 꼭 하려고 노력했다.

2002년 어느 날 어김없이 사무실로 한 통의 편지가 도착했다. 보호감호제 폐지를 주장하며 감호자들이 집단단식을 하고 있다는 소식이었다. 그 편지를 쓴 사람은 보호감호에 대해 정말 많은 고민을 해왔는지 절제된 언어와 차분한 논리로 감호자들의 주장을 하나하나 정리하며 보호감호제도가 갖는 허구성을 이야기했다. 감호자들이 사회보호법 폐지를 주장하며 집단단식 농성을 하고 있다는 기사도 떠올랐다.

전두환이 사회 정화를 부르짖으며 무고한 사람들을 삼청교육대에 잡아뒀다가 석방될 즈음에 이들을 다시 가두기 위해 만든 보호감호제도는 형기를 마친 사람을 다시 감호소에 가둬 '곱징역'이라고도 불렸다. 삼청교육대가 지닌 태생적 한계부터 이중처벌, 비인간적 처우 등으로 인해 인권침해 논란이 끊임없이 제기됐는데, 헌법재판소는 '형벌'과 '보호감호'는 서로 다른 것이라며 이중처벌이 아니라고 판단해왔다. 하지만 감호자들은 "우유를 사이다병에 넣고 사이다라고 주장하는 것과 뭐가 다르냐."며 형식적인 제도가 아닌 현실을 봐달라고 호소했다.

현실을 조금이라도 들여다보면 형벌과 보호감호는 실질적으로 동일한 것으로 이중처벌에 해당한다. 그 안에 있는 사람들 대부분이 못 배우고 돈 없는 이들인데, 이미 헌법재판소가 법적 판단을 내놓았으니 어떻게 하면 좋을 것인가.

이처럼 상식적으로 문제가 있는 것은 분명한데 법원이 이미 다른 결론을 가지고 있는 경우, 변호사로서 실존적 고민에 빠질 때가 있다. 단단한 바위라도 계속 부딪쳐야 바위도 깨질 수 있는 대상이라는 인식이 생기고 정말 그 언젠가는 깨지겠지만, '그 언젠가'의 시간이 올 때까지 감당해야 할 좌절감이 에너지를 잠식할 때가 많기 때문이다. 한때 한승헌 변호사의 별명이 '패소 전문 변호사'였다고 하던데, 좌절하지 않고 계속 부딪히는 그 힘이 어디서 나오는지 존경스럽기만 하다.

집단단식 농성을 알리는 첫 편지 이후 계속해서 편지가 도착하는데 어떻게 할까 고민하던 차에, 지금은 한양대 로스쿨에 재직 중인 박찬운 변호사가 헌법재판소 문을 두드려보자고 제안했다. 헌법재판소가 보호감호제 자체에 대해 합헌 결정을 내렸지만, 실제 감호자들에게 적용된 처우 규칙이 너무 비인간적이고 교도소에서의 처우와 다를 바 없으니 처우 규칙 자체에 대해 판단을 받아보자는 제안이었다. 정면 돌파는 아니지만, 문제의 핵심에 가깝게 접근할 수 있겠다는 생각이 들었다. 당시 참여연대에서 활동하던 장유식 변호사도 결합했다.

우선 그들의 목소리를 직접 듣기 위해 변호사 3명이 2002년 세밑에 경북 청송보호감호소를 방문했다. 물론 보호감호소 쪽이 처음에는 감호자들이 변호사와 만나는 것을 허가하지 않으려고 했다. 현행법상 수사 중이거나 형사재판 중에 있는 사람만이 변호인 접견을 할 수 있으므로 일반 면회 절차를 밟으라는 것이다. 일반 면회의 경우 횟수와 시간 제한이 있고 칸막이가 있어 의사소통에 어려움이 있으며, 무엇보다 보호감호에 대한 헌법소원을 의논하려는 것인데 교도관이 감시하듯 입회하는 일반 면회 방식으로는 감호자들을 만날 수 없었다. 몇 시간의 실랑이 끝에 겨우 변호인 접견실에서 감호자들을 만날 수 있었다. 그때 사무실로 편지를 보낸 사람을 만났다. 문체만큼이나 차분한 외모를 가진 그는, 조목조목 보호감호의 문제를 제기하며 집단 농성하는 감호자들의 절박한 상황을 전달해주었다. 최대한 많은

4. "그래도 한번 해봅시다"

사람들을 모아 헌법소원을 제기하고 싶었지만 시간적으로 하루에 접견할 수 있는 사람이 한정되어 우선 6명을 모아 헌법소원을 하기로 했다.

감호자들의 편지는 인권단체와 언론, 국회 등에도 전달됐고 이제야말로 전두환 쿠데타 정권이 만들어놓은 반인권적 제도를 폐지해야 할 때가 왔다는 공감대가 확산됐다.

인권운동사랑방, 참여연대, 천주교인권위원회, 민주화실천가족운동협의회(민가협), 민주사회를위한변호사모임(민변)에서 인권시민단체에 보호감호 폐지를 위한 연대기구를 제안해 2003년 3월 11일 연대기구(사회보호법 폐지를 위한 공동대책위원회)가 출범했다. 유해정·김덕진·김정하·박성희·안동춘 활동가가 소책자를 만들어 배포하거나 국회·법무부 등을 찾아다니며 정말 헌신적으로 활동했고, 민가협 어머니들도 목요집회나 연대기구 기자회견 때마다 오셔서 보호감호 폐지를 주장해주셨다.

연대기구 활동 초기 보호감호 폐지 운동의 당위성에 대해 고민하면서, 구금시설을 둘러싼 정치·사회적 역학관계에 대해 많은 토론을 했다. 보호감호소의 처우가 개선된다면 괜찮지 않은가, 흉악범죄자들을 사회에서 격리할 필요가 있지 않은가. 그러나 많은 경우 해답의 실마리는 보호감호소에 있는 감호자들의 편지에 있었다. 사무실에 편지를 보낸 감호자는 자신들을 '사회의 쓰레기'라고 표현하며 보호감호에 대해 다음과 같이 말했다. "아직 이 세상엔 전과자·감호자라면 나오는 너무나 멀기만 한 이질적인 집단, 사회로 나오는 것보다는 차라리 높은 담장, 철탑 우리 내에 가두고 그 안에서 보호받아야 할 (사람이라는) 인식이 많을 것입니다. 그러나 그러한 편견과 가림이 한 인간을 낙인찍고 결국엔 제도적 부당성을 합리화하여 영원히 기회 균등 없이 탈락자가 되게 만들고 있는 (것이) 현실입니다. 그리고 그 속에서 우리는 사회적 쓰레기일 뿐입니다." 연대기구가 감호자들의 도움을 받아 감호자들의 명단을 전부 취합해 설문조사를 했다. 그들의 학력은 초등학교 졸업이 가장 많았고, 대부분 빈곤계층이었으며, 70% 이상이 흉악범죄와는 거리가 먼 절도범으로 사회적응력이 떨어진 이른바 '성가신' 존재가 대부분이었다.

이 '성가신' 존재는 권력과 자본의 입맛에 따라 누구나 그 당사자가 될 수 있기에, 장애운동단체도, 동성애인권단체도, 노동운동단체도, 이주운동단체도 사회보호법 폐지를 주장하며 함께 투쟁했던 것이다. 감호자 616명의 집단 헌법소원, 보호감호소 안팎에서 계속 이어진 단식 농성, 지속적인 인권시민단체의 헌신적인 노력 끝에 2005년 8월 4일 드디어 사회보호법이 폐지됐다(안타깝게도 당시 경과 규정을 두어 아직도 100여 명이 보호감호 중에 있다).

보호감호 폐지를 위한 헌법소원과 연대기구 활동은, 패소를 두려워 말고 인권과 상식, 그리고 함께하는 사람을 믿으라는 소중한 가르침을 주었다. 다시 한번 이 지면을 빌려 그때 함께한 감호자분들과 활동가들에게 고맙다는 말을 전하고 싶다.

바위에 달걀을 부딪치는 심정으로 이루어낸 변화. 세상 돌아가는 일에 모두 가슴이 막막한 요즈음, 세상은 이렇게 더디지만 조금이나마 진보한다는 믿음을 다시 한번 새기며 힘을 내본다.

🔒 이상희

내 개인정보는
어디로 흘러가는가

아직 개인정보와 신용정보의 중요성이나 유출 문제의 심각성이 부각되기 전인 2002년, 은행연합회로부터 보험가입 고객들의 신용정보를 받은 보험회사가 보험모집인들에게 나눠주고 대출 영업을 시킨 사건이 발생했다. 보험회사를 상대로 손해배상 소송을 제기하였고, 재판 과정에서 신용정보 관리체계 자체가 문제가 있어 개별적인 조회방식이 아니라 전체 정보를 제공하고, 금융기관들은 이를 악용하고 있다는 점을 알게 되었다. 법원은 신용정보에 대한 침해를 인정하여 손해배상을 인정하였고, 이후 신용정보 조회·관리 시스템 개선에도 영향을 미쳤다.

　　카드사 금융정보가 무차별하게 유출된 최근의 난리를 보면서 생뚱맞게 격세지감을 느꼈다. 대학에 입학하니 큰 학과의 특성인지 학생 명부를 나눠줬다. 두툼한 책에 사진과 연락처, 출신학교 등이 쓰여 있는데 거기에 모든 학생의 주민등록번호가 함께 기재되어 있었다. 원래 그랬는지 그해만 유독 행정직원이 실수한 것인지, 아무튼 그랬다. 나중에 그 주민등록번호를 사용해서 남의 시험 점수를 자동응답시스템(ARS)으로 알아보는 놈도 있다는 말이 들렸는데, 그런 꺼림칙한 일이 있기 전까지 우리는 (혹은 둔한 나는) 주민등록번호가 그렇게 공개되는 것에 아무런 문제의식이 없었더랬다. 그저 시쳇말로 민증을 까고 호칭을 정하는 데 유용하다 생각했을 뿐. 인터넷도 없었고 리포트를 손으로 써서 내던 때이니 컴퓨터로 '정보'가 처리되고 '집적'되고 '유통'된다는 인식 자체가 별로 없었다.

그러나 얼마 되지 않아 엄청난 정보가 주민등록번호를 매개로 집적·관리된다는 것이 상식이 되었다. '신용정보'의 중요성이 알려졌고 '신용불량'이라는 말도 배웠다. 인터넷이 일상이 되고 통신기술이 급격히 발달해 그렇게 집적된 개인정보가 이리저리 흘러다니는 일이 흔해지면서, 대출을 받으라거나 보험을 들라는 전화를 받아도 별로 놀라지 않게 되었다. 어떻게 알았는지 내가 받은 대출을 이자가 더 낮은 것으로 갈아타라는 맞춤형 전화도 자주 받았는데, 그저 어떤 나쁜 놈이 개인정보를 유출한 것이라고 생각했다.

그러던 중 2002년 삼성생명이 전국은행연합회에서 받은 신용정보로 대출영업을 했다는 사정이 드러났다. 신용정보를 조합해 '타 금융 2천만 원 이상 아파트 거주자' 명단을 만들고 이를 보험설계사들에게 나눠주면서, 전화를 통해 "삼성생명 대출로 전환하라."고 권유하게 했다는 것이다.

이 사실이 알려지자 자신의 이름이 그 명단에 포함된 정보 주체들이 하나둘 시민단체로 연락하기 시작했다. 평범한 가정주부부터 작은 비누공장을 운영하는 사장님, 대학생, 평소 보험회사의 작태에 불만이 많던 회사원 등 모두 열여섯 사람이 "누가 삼성생명에 내 신용정보까지 마음대로 볼 수 있고 영업에 활용할 수 있는 권리를 부여했느냐."며 소송해보자고 했다.

개인정보 유출이나 부당 사용으로 인한 재산적 손해배상 사례 자체도 드문 때였지만, 이 사건처럼 신용정보를 조회 이외의 목적으로 사용하고 내부자(그동안 '외부 자유 계약자'라며 보험설계사들이 근로자라는 것조차 부인하던 회사가 먼저 '보험설계사들은 모두 우리 내부 식구'라고 주장하는 진풍경이 펼쳐졌다)들이 단지 영업에 활용하게 한 것으로 인한 무형의 손해를 배상하라는 소송은 아예 없을 때였고, 불행히도 우리 당사자들 중에 실제 영업 전화를 받은 사람이 없어 손해 증명도 걱정됐지만, 언제나 그렇듯 분기탱천해 재판을 시작했다.

재판이 진행되면서 신용정보 시스템에 대한 이해가 전무했던 나는 놀라운 사실을 알게 되었다. 은행 거래를 시작하면서 '신용정보 조회 동의'를 하면 금융기관이 신용정보집중기관에 조회해 신용도를 판단한다고 막연히 생각했는데, 실제 전국은행연합회는 전 금융기관으로부터 금융거래를 하는 모든 신용정보를 모은 다음, 주기적으로 CD에 저장해 모든 금융기관에 배포한다는 것이었다. 그리하여 모든 금융기관은 금융거래 정보가 있는 국민의 신용정보 데이터베이스를 통째로 가졌고, 이를 조합·

© 연합뉴스

재판이 진행되면서 신용정보 시스템에 대한 이해가 전무했던 나는 놀라운 사실을 알게 되었다. 은행 거래를 시작하면서 '신용정보 조회 동의'를 하면 금융기관이 신용정보집중기관에 조회해 신용도를 판단한다고 막연히 생각했는데, 실제 전국은행연합회는 전 금융기관으로부터 금융거래를 하는 모든 신용정보를 모은 다음, 주기적으로 CD에 저장해 모든 금융기관에 배포한다는 것이었다.

편집해 명단을 만드는 것도, 그렇게 만든 명단으로 대출영업 전화를 하는 것도 얼마든지 가능했다. 그때까지만 해도 불법 유출만 없으면 국가에서 신용정보를 소중히 보존하고 신용도 판단 목적으로만 조회할 것이라 순진하게 믿고, 귀찮은 대출영업 전화는 내 정보를 누군가 나쁜 목적으로 유출했기 때문이라고 막연히 생각했던 '정보 주체'들, 그러니까 나와 내 고객들은 충격을 받았다.

원고들은 신용정보 사용이 법이 허용하는 '신용도 판단을 위한 이용'과는 거리가 멀고, 활용된 주소와 전화번호 등은 더 이상 '신용도 판단을 위한 신용정보'가 아니라 영업을 위한 '연락처'로 전락했으며, 신용정보법에서 금융기관에 특별히 인정한 '신용정보 이용자'로서의 지위를 악용한 것이라고 주장했다. 회사 쪽은 "원래 신용정보제도가 그렇게 운영되므로, 합법적으로 받은 데이터를 활용하는 방법 자체를 뭐라 할 수 없다."며 맞섰다. "이자가 더 싼 대출로 바꿀 수 있는 기회이니 오히려 이익이 된다."거나 "실제 발생한 손해가 없다."고도 했다. 재판이라는 게 원래 유리한 주장은 뭐든 다 하는 것이지만 회사 쪽이 법원에 제출한 신용정보 이용에 관한 잘못된 생각이 진짜 금융기관·대기업의 개인정보에 관한 생각이라면, 앞으로 내 개인정보 보호는 어떻게 될지 심히 걱정됐고, 다른 금융기관의 모범이 되어야 할 국내 굴지의 보험회사가 타 금융기관과의 거래 정보를 문서

화해 자사의 영업 목적으로 위법하게 이용하고 그런 신용정보 이용도 '적극적 활용'의 한 형태로 적법하다며 다투는 것을 보면, 소비자가 기업을 믿을 수 있는 진짜 '신용사회'는 아직 멀었다는 생각이 들었다.

다행히 법원은 "거래 관계 설정 및 유지 여부 등에 관한 판단 목적 이외에 다른 목적으로 신용정보를 활용하는 것에 동의한 것은 아니고, 경제적으로 도움이 되는 영업이라고 하더라도 신용정보 활용으로 다른 서비스를 제공받을지 여부는 그 위험성에 관한 충분한 인식을 바탕으로 한 고객의 선택에 맡겨야 하는 것이지 영업 주체가 임의로 결정할 것은 아니다."며 원고 청구를 인정했고, 이 판단이 항소심과 대법원에서도 유지됐다.

그러나 뜻이 좋다고 파생되는 결과가 모두 바람직하란 법은 없는지, 신용정보를 처음 수집한 목적과 달리 이용해서는 안 된다는 판단을 받아냈지만 처음에 가장 심각하게 문제 삼았던 '통 CD 배포 방식'의 신용정보 시스템은 변하지 않았고, "동의 없이 활용해서는 안 된다."는 법원의 판단은 각 금융기관이 신용정보 활용 동의서에 '영업 목적의 활용'까지 추가하게 되는 엉뚱한 결과를 가져왔다. 금융법이 소비자 권리를 보호하는 쪽이 아니라 금융업자들이 좀더 편하고 쉽게 영업할 수 있는 방향으로만 변해가는, 씁쓸한 모습이었다.

지금 펼쳐지는 금융정보 유출 범람 사태 역시 이렇게 편하게 정보를 집적하고 이익을 위해 쉽게 공유해도 된다는 생각이 빚어낸 참사인 것이다. 개인정보보호법이 제정되어 상당한 제한이 가해지기는 했지만, 여전히 '신용사회 구축'을 통해 금융거래를 활성화한다는 명목으로 신용정보에 대해서는 특별한 예외를 인정하는 편이라니 더더욱 걱정이다.

🔓 김진

난민인정
법정 싸움중인
카렌 난민 가족

미얀마 출신 부부는 2006년 10월 한국에 입국하자마자 법무부에 난민신청을 했다. 법무부 결정에 3년의 시간이 흘렀는데, 그동안 아이가 태어났다. 법무부는 다행히 2009년 12월 세 식구 모두에게 난민지위를 인정하였다. 그런데, 법무부는 2011년 5월 난민결정을 취소하였다. 남편이 과거에 불법체류로 강제출국을 당했었는데, 난민심사를 받을 때 그 이야기를 하지 않았기 때문이란다.

이들 부부는 소수민족으로서 미얀마에서 정치적 박해를 받았는데, 특히 부인은 작은오빠가 소수민족 반군에 입대하여 가족들이 수시로 경찰에 연행되어 조사를 받았다.

이에, 세 식구는 서울행정법원에 난민결정을 취소한 처분을 다시 취소해달라는 소송을 제기하였다. 1심에서 승소하였으나 항소심에서 패소하였고, 현재 대법원 결과를 기다리고 있다.

세 식구의 운명이 어떻게 될지 걱정이다. 다행히 아들 레인보우(가명)가 초등학교에 입학했다는데, 제대로 등록은 했는지, 언제까지 학교에 다닐 수 있을지 모르겠다. 부부 모두 법적으로 한국에서는 일을 할 수 없는데, 어떻게 생계를 유지하는지도 걱정이다. 한국에 오자마자 레인보우를 낳았으니 한국에 온 지도 8년이나 되었는데, 언제까지 이렇게 불안한 삶을 살아야 하는지 답답하기만 하다.

레인보우의 엄마와 아빠를 처음 만난 건 2011년이지만, 이들과의 인연은 2005년으로 거슬러 올라간다. 2005년, 친구의 소개로 타이에서 버마(미얀마)의 소수민족 문제를 다루는 단체에서 잠시 자원활동을 했다. '버마' 하면 가장 먼저 군부독재와 아웅산 수치가 생각나겠지만, 아주 오래전부터 소수민족 문제가 중요한 인권 문제로 자리잡고 있다.

타이 치앙마이에 사무실을 두고 있던 그 단체는 버마에서 카친·카렌·아라칸·친 등의 소수민족 청년들을 초대해, 그들이 고향으로 돌아가 인권 교육을 하거나 인권 실태를 조사할 수 있도록 조직하고 교육하는 활동을 했다. 교육에 참가한 대부분의 청년들이 불법체류자였는데, 약 2개월 동안 사무실에 딸린 가건물에서 합숙하며 공부를 했다. 소수민족에 대한 차별과 억압, 가난, 무력 분쟁과 같이 그들이 전해준 이야기는 상상을 뛰어넘는 것이었다. 그들을 따라 타이와 버마의 접경지역에 가서 타이로 빠져나온 카렌 난민들을 만났다. 난민들은 왜 고향을 떠나 정글로, 그리고 남의 나라로 도망 와서 불편한 일상을 살아갈 수밖에 없는지를 이야기해주었다. 민족 사이의 갈등이 영국의 식민지 분할통치 정책에서 비롯됐다지만, 버마 군부 역시 독재체제를 유지하기 위해 그 갈등을 이용한다는 인상을 지울 수 없었다. 과

4. "그래도 한번 해봅시다"

거의 부정의가 현재의 부정의와 만나 사람들의 삶과 꿈을 빼앗고 있었던 것이다.

한국으로 돌아온 뒤에도 몇 년 동안은 카렌 난민촌을 방문해 뜻을 함께하는 지인들이 모아준 학용품과 책을 전달했고, 난민촌에서 만난 카렌 친구를 한국에 초대하기도 했다. 카렌 친구가 한국에 왔을 때 한국에 체류하고 있는 카렌 사람들을 함께 만날 수 있었다. 그들은 타이 난민촌에서 온 카렌 친구로부터 버마 정글로 흩어진 버마 내의 난민과 타이 난민촌의 이야기를 듣고 이들을 지원하기 위한 모임을 만들었다. 그리고 자신들도 어려운 형편이지만 조금씩 돈을 모아 난민들에게 전달했다. 이 부부도 모임에 가입해 난민 지원 활동을 했다. 2009년 초 버마 군인들이 카렌 난민들의 마을을 공격해 난민들이 다시 피란길을 떠나는 사건이 발생했을 때, 이 부부는 버마 대사관 앞에서 카렌의 평화와 버마의 민주화를 위해 집회를 열었다.

이 부부는 2006년 10월 한국에 입국해 바로 난민신청을 했는데, 처음에는 인정받지 못했지만 이의 절차를 통해 3년 만에 난민으로 인정받았다. 그사이 레인보우가 태어났고, 레인보우도 난민으로 인정을 받았다. 그런데 난민인정 결정을 받은 지 1년이 지나, 출입국관리소로부터 다시 조사를 받으라는 연락을 받았다. 남편이 몇 년 전에 산업연수생으로 한국에 들어왔다가 체류 기간이 지나서 강제퇴거를 당했는데, 난민심사를 받을 때 이

사실을 알리지 않고 가명으로 난민신청을 했기 때문이란다. 3년 동안 초조하게 기다렸던 평온한 삶을 얼마 살아보지도 못하고, 다시 이 땅에 발붙이기 위한 힘겨운 싸움을 시작해야 했다.

남편은 카친족이고, 아내는 카렌족이다. 교사인 아버지를 따라 카렌주에서 학창 시절을 보낸 남편은 학교를 졸업하고 산업연수생으로 한국에 와서 일했는데, 체류 기간이 지나서 강제출국을 당했다. 남편은 학창 시절에 사귀던 아내를 찾아가서 결혼하고, 아내의 고향에서 함께 장사를 했다. 그러던 어느 날, 이 부부가 카렌반군(KNU · 카렌민족연합)에 연루되었다는 혐의를 받게 되었다. 버마 정부군이 마을에 들어온 KNU 정보국 소속 3명을 지켜보고 있었는데, 그들이 이 부부의 가게에 들어가는 걸 보았다는 것이다.

KNU는 1947년에 결성된 카렌 민족의 최대 조직으로, 카렌 민족의 해방을 주장하면서 1949년부터 버마 중앙정부와 내전을 하고 있다. KNU는 자치를 주장하면서 그 산하에 외무부 · 교육부 등을 두고 별도의 군사조직까지 갖추었다. 언론에 의하면 2012년 1월 KNU와 정부가 평화협상을 체결했다고는 하지만, 이후에도 버마 법원은 KNU의 고위급 지도자에게 징역 20년을 선고했고 아직도 많은 양심수들이 감옥에 갇혀 있는 것이 현실이다.

내전을 옆에서 지켜본 이 부부는 버마 군인들로부터 KNU와 연루됐다는 혐의를 받고 있다는 사실만으로 신체나 생명의 위협을 느끼기에 충분했다. 더욱이 아내의 경우 작은오빠가 KNU 산하의 군에 입대했는데, 이로 인해 아버지와 큰오빠가 수시로 경찰에 끌려가 조사를 받았기 때문에 그 공포를 현실적으로 느끼고 있었다. 다른 이들처럼 더 깊숙한 정글로 도망가거나, 강 하나를 건너 타이로 도망갈까 하는 생각도 했다. 그러나 남편이 한국에서 생활한 경험이 있었기에 다른 곳보다 나을 거라 생각하고 한국행을 결심했다. 남편은 이전에 강제출국을 당한 일 때문에 고민이 많았으나, 절박한 상황에서 자신만을 믿고 따라온 아내를 위해 한국행을 포기할 수 없었다. 그래서 남편은 어쩔 수 없이 가명으로 한국에 들어왔고, 이들은 한국에 오자마자 난민신청을 했다.

난민심사 과정에서 남편은 굳이 강제출국 당한 일을 이야기하지 않았고, 출입국관리소도 그것에 대해 특별히 묻지 않았다. 법무부는 처음에 이들의 신청을 거절했다가 나중에 이의신청을 받아들여 난민으로 인정했다. 그런데 출입국관리소가 남편이 과거에 강제출국 당한 사실을 확인하고 난민인정을 취소한 것이다. 법무부는 "난민의 인정을 하게 된 중요한 요소가 거짓된 서류 제출 및 진술, 사실의 은폐 등에 의한 것으로 밝혀진 경우에 난민인정을 취소할 수 있다."는 출입국관리법을 근거로 제시했다. 그러나 남편이 부득이하게 가명으로 한국에 들어온 것은 KNU와의 연루 혐의로 군인들에게 체포될 경우 생명이나 신체가 위협받을지 모른다는 공포 때문이었다.

난민인정 요건 가운데 '박해를 받을 우려가 있는 충분한 이유가 있는 공포'가 가장 중요하다. 이러한 공포가 있었는지에 따라 난민 여부를 판단해야지, '가명' 사용 여부로 판단해서는 안 될 것이다. 1심 법원도 이러한 관점에서, 난민인정을 취소할 수 없다고 판단했다. 그런데 항소심 법원은 강제퇴거 사실을 감춘 것은 출입국관리 사무의 안정성을 저해하는 중대한 위법이므로 난민인정은 취소되어야 한다고 판단했다. 현재 사건은 대법원에 올라가 있다.

난민제도는 출입국관리 사무의 안정성과 어느 정도 부딪힐 수밖에 없다. 생명과 신체의 안전을 위해 도망을 나오는 과정에서 부득이 가명을 사용하거나 위조 여권을 사용하는 경우도 많다. 그럼에도 이들이 난민 요건에 해당한다면 난민으로 보호해야 한다는 것이 난민제도의 취지다. 강제퇴거 사실을 감추었다고 해도 '난민'의 요건에 해당한다면 당연히 난민으로 인정되어야 할 것이다. 우리나라가 가입한 난민협약에도, 과거에 강제퇴거를 당한 국가를 난민신청국가로 선택할 수 없다는 내용은 없다.

타이에서 만난 카렌의 친구는 난민으로 오스트레일리아에 갔는데, 그곳 정부의 지원을 받아 대학에서 사회복지학을 공부하고 있다. 그는 버마의 상황이 나아지면 고국으로 돌아가 자신이 배운 것을 펼쳐보겠다는 야무진 꿈을 꾸고 있다.

그러나 이 부부와 레인보우에게는 그저 삶이 평온하고 안전하기만을 바라는 것도 허락되지 않는다. 언제쯤 레인보우 가족도 자신의 미래를 꿈꾸며 살 수 있을까.

🔒 이상희

수십 조 떼인 건보,
왜 소송을 안 걸까

'줄줄 새는 국민의 세금'. 세금은 줄줄 새는 것이 정상인 것처럼 우리가 자주 듣는 말이다. 국민이 낸 세금이 국고가 되면, 국고 관리인이 잘 관리해야 하는데, 국고 관리인이 국고를 자기 재산처럼 잘 관리하지 않기 때문에 낭비가 생기는 것이다.

국민의 세금이 가장 대규모로 낭비되어온 영역 중 하나는 연간 30~40조 원 정도 지출되는 건강보험재정이 아닐까 싶다. 여기서 국고 관리자의 역할을 하는 기관은 건강보험공단과 건강보험심사평가원, 보건복지부이다. 건강보험 구조를 아는 사람은 누구나 우리나라 건강보험의 약값이 높은 이유는 리베이트 때문이라고 하는데도, 우리의 세금 관리자들은 리베이트 제공자나 수수자들에게 국민을 대신해서 손해를 배상하라는 소송을 제기하거나, 손해를 회수하기 위한 조치를 취하지 않아왔다. 그래도 언젠가는 소송을 제기하려나? 도무지 이해할 수 없는 일이다.

우리나라 국민의 1년 약값은 얼마나 될까? 건강보험심사평가원(이하 심평원)이 발표한 자료에 의하면, 2013년에 지출된 우리나라의 건강보험 요양급여 중 약품비는 13조 2400억 원이라고 한다. 그 약값 중 일부는 구매자인 환자가 내고, 약 9조 원이 넘는 돈은 국민건강보험공단(이하 공단)과 지방자치단체가 국민의 세금으로 낸다. 4인 가족이라면 1년에 72만 원 정도의 약값을 세금으로 내는 셈이다. 이 대규모 약값을 대상으로 지난 15년간 불공정거래 행위가 이어져왔다면?

리베이트 쌍벌제의 도입 등으로 줄어들긴 했지만, 공정거래위원회는 2007년에 연간 2조~3조 원의 리베이트가 불법적으로 오간 것으로 추산하는 발표를 했었다. 리베이트는 제약회사나 의약품 도매상이 의약품의 처방과 판매를 늘리기 위해 요양기관(병·의원이나 의사, 약사)에 허용되는 마케팅의 범위를 넘어서서 금품·향응 등 이익을 지급하는 것을 말한다. 약품 채택의 대가인 랜딩비, 처방의 대가인 매칭비, 할증과 할인 등 명목도 다양하다. 감사원이 2012년에 조사해 발표한 자료를 보면, 2007년부터 2011년까지 보건복지부, 검·경, 공정위 등이 제약회사와 약품 도매상들의 불법 리베이트를 적발해낸 금액만도 무려 1조 1141억 원에 달했다. 2007년에 공정위는 우리나라 제약회사들이 매출액의 약 20%를 불법적인 리베이트로 사용하고 있다고 추정했다.

영리 행위를 하는 제약사와 도매상이 왜, 어떻게 그 많은 리베이트를 병원이나 약국에 주는 걸까? 그 비밀은 실거래가상환제의 허점과 리베이트와 약값 거품의 순환 고리에 있다.

1999년에 도입된 실거래가상환제는 요양기관(병·의원, 약국)이 제약사나 도매상으로부터 약품을 구매한 실거래 금액을 신고하면 공단이 실거래 금액을 지급해주는 제도로, 보험약가를 상한으로 한다. 이 제도는 요양기관의 양심을 믿는 제도인데, 양심에만 맡길 수 없으니까 요양기관에 뒷돈을 받거나 음성적 거래를 하지 말고, 솔직하게 신고할 법적 의무를 부여한다.

병원이나 약국이 환자들에게 더 싸게 좋은 약을 구매해 공급하면 자기에게도 이익이고 공단이나 국민에게도 이익이 된다. 이 경우 요양기관들이 실제 구매한 가격만큼 보험약가를 내릴 수도 있다. 이런 선순환이 이루어지면, 국민은 좋은 약을 싼값에 살 수 있고 공단은 국민의 세금을 절약할 수 있다. 그런데 제약사가 요양기관을 리베이트로 매수하면 사정은 달라진다. 요양기관은 실제로는 리베이트로 뒷돈을 받으면서, 상한 금액을 꽉 채워 보험약가대로 약을 샀다고 공단에 거짓 보고를 하고, 이에 속은 공단으로부터 약값을 비싸게 받아낸다. 거품 약값이고, 허위의 부당 청구다. 거품의 일부는 리베이트로 간다. 이게 반복되면 약값 거품은 꺼지지 않고, 국민이 최종적인 피해자가 된다.

사실 제도 도입 당시부터 약값 거품과 리베이트의 악순환에 대한 우려가 많았다. 아니나 다를까 우려대로 됐다. 세상에! 수많은 도매상을 통해 약품이 판매되는데, 전국의 병원과 약국에서 모든 의약품이 약속이라도 한듯 보험약가의 99.9%에 거래된다는 게 말이 되는가.

모든 병원·약국이 제약사나 도매상으로부터 리베이트를 받는 대가로 리베이트가 포함된 거품 가격을 진짜 가격인 양 숨겨왔기에 가능한 일이다. 1999년 실거래가상환제가 도입된 이후 리베이트와 약값 거품이 유지되고 있으니, 15년간 어림잡아 100조 원이 넘는 규모의 유사 이래 가장 큰 불공정거래 행위가 벌어진 것으로 볼 수 있다. 그 피해 규모는 어느 정도나 될까? 공정위가 리베이트를 피해로 보고 계산했는데, 이미 2007년에 연간 최소 2조 800억 원에서 최대 3조 1200억 원이 될 것으로 추산했다. 이런 방식으로 추산하면 지난 15년간 제약사와 요양기관들이 부당하게 빼낸 돈은 수십조 원에 달할 것이다.

감사원은 리베이트와 약값 거품으로 약제비가 과다 지출되고 막대한 소비자 피해가 생기고 있다고 여러 차례 발표했다. 보건복지부와 공단과 심평원이 공동으로 제작한 홍보물에도 리베이트의 대부분이 국민이 내는 소중한 건강보험료에서 충당돼왔다고 밝혔다. 그러면서 근본적으로 리베이트의 원천인 약값 거품을 걷어내지 않고는 도저히 리베이트를 뿌리 뽑을 수 없다고도 했다.

이처럼 모든 국가기관이 불법적인 약값 거품과 리베이트 때문에 국민 세금이 부당하게 들어간다고 보고 있으며 실제로 적발해낸 리베이트만도 1조 원이 넘는데, 공단이나 지방자치단체는 그동안 제약사나 요양기관을 상대로 단 한 건의 손해배상 청구소송도 하지 않았다. 왜 그랬을까?

영문을 알 수 없다. 손해배상 청구소송을 하면 패소할 것 같아서일까? 그렇다면 스스로 홍보물 등에 리베이트와 거품 약값, 그로 인한 국민의 피해에 대해 설명한 것은 무엇인가? 제약산업을 죽이려는 것이냐는 제약업계의 반발을 우려했기 때문일까? 국민의 세금으로 부당한 이익을 취한 기업에서 이익을 환수하는데 제약업계의 위축을 우려할 일인가? 미국에서는 비슷한 사안으로 2013년에만 해도 건강보험 당국이 제약회사로부터 26억달러를 회수했다. 참으로 대조가 된다.

심지어 지금 소수의 환자들이 제약사를 상대로 외로운 소송을 벌이고 있는데도, 공단이나 지자체가 소송의 결과나 지켜보자고 방관하는 것은 올바른 태도가 아니다. 환자들은 자료를 구하기도 쉽지 않고, 공단이나 지자체의 손해를 입증하는 것보다 복잡하고, 1인당 피해액은 얼마 되지 않아서 리베이트를 억제하는 효과도 크지 않다. 서둘러서 공단과 지자체가 손해배상 청구 소송에 참여하기를 기대한다.

🔒 이은우

윤 일병이
비명조차
못 지른 이유

2014년 4월 7일 스물두 살의 한 젊은 병사(윤 일병)가 군대에서 죽었다. 윤 일병이 사망한 지 무려 4개월여가 경과한 이후에야 구타와 잔혹행위로 사망한 사실이 밝혀졌다. 윤 일병은 선임병장의 주도하에 지속적으로 구타와 잔혹행위를 당했다. 이외에도 가래침 핥기, 개처럼 기어다니기, 성기에 안티프라민 바르기 등의 인격 파괴행위가 자행되었고, 지속되는 고문에 심신이 허약해지면 수액을 맞춰 체력을 회복시켜 다시 가혹행위를 했다.

주도적인 가해자 이 병장 외에 다른 병장과 상병이 가담하고, 윤 일병과 똑같은 피해를 당했던 다른 병사마저 가혹행위에 가담했으며, 선임하사는 잘 뭉쳐야 한다는 이유로 이를 묵인 조장했다. 결국 윤 일병은 계속된 구타와 가혹행위로 사망하였다. 윤 일병의 사망을 계기로 군대 내 구타와 가혹행위 근절을 위한 근본적인 해결책이 필요하다는 여론이 들끓게 되었고, 이에 대한 여러 가지 대안이 제시되었지만 여전히 개선이 미흡한 상태이다.

양심에 따른 병역거부자들을 변론하면서 자연스럽게 군인의 인권 문제에도 관심을 갖게 되었고, 이 때문에 가끔 상담을 해오는 병사들이 있었다. 수년 전, 이른 새벽에 전화 한 통을 받았다. 군부대를 이탈한 병사가 있고 변호사와의 상담이 시급하다며 당장 달려와달라는 요청이었다.

병사는 가혹한 구타를 당하거나 하지는 않았지만 집단생활에서 따돌림을 당하고 있었다. 화장실조차 마음대로 가기 힘든 따돌림과 견제를 견디지 못한 병사는 휴가를 나왔다가 부대에 복귀하지 않기로 하고 사람들에게 도움을 요청한 것이었다. 나는 고민에 빠졌다. 부대에서는 48시간 내에 복귀하면 처벌을 면해줄 것이라며 계속 접촉해왔고, 병사는 결심을 바꾸지 않는다면 군사재판과 징역살이, 그리고 앞으로의 삶에서 '탈영병'이라는 꼬리표를 달고 살아야 하는 상황이었다. 나는 병사에게 군을 이탈할 경우 진행될 형사재판 과정 등에 대해 설명했고 병사는 이미 각오한 듯 담담히 고개를 끄덕였다. 고민 끝에 나는 다른 사람들과 함께 병사를 설득했다. 복귀해 조금만 참으라고, 지금 복귀한다면 군에서도 병사를 대우하는 데 조심할 것이라고, 우리가 계속 관심을 갖고 지켜보겠다고…. 결국 병사는 부모와 나를 포함한 주변인들의 설득으로 부대 복귀를 했다. 부대에 복귀하는 병사의 뒷모습을 보며 한 젊은이의 미래를 구한 듯한 생각에 안도의 한숨이 절로 나왔다.

2014년 4월 7일 스물두 살의 한 젊은 병사가 군대에서 죽었다. 당시 언론은 이 젊은이가 냉동식품을 먹다가 질식사했다고 짧게 보도했고 이 젊은이의 죽음은 별다른 관심을 끌지 못했다. 이 젊은이는 윤 일병이다. 윤 일병의 부모는 아들의 사망이 구타에 의한 것이라고 의심했지만 진실을 밝히겠다는 군을 믿었다. 부모는 두 번의 재판이 진행되는 과정을 지켜보고서야 진실을 밝혀주겠다는 군의 말이 거짓이었음을 깨달았다. 2014년 7월 31일 군인권센터가 윤 일병의 죽음이 잔혹한 구타와 가혹행위에 의한 것이라는 의혹을 제기한 뒤에야 윤 일병의 죽음에 대한 진실은 서서히 밝혀지기 시작했다.

윤 일병은 선임 병장의 주도하에 지속적으로 구타와 잔혹행위를 당했다. 잔혹행위 외에도 가래침 핥기, 개처럼 기어다니기, 성기에 안티프라민 바르기 등 인격 파괴 행위가 자행되었고, 지속되는 고문에 심신이 허약해지면 수액을 맞혀 체력을 회복시켜 다시 가혹행위를 했다. 행위의 잔혹성도 잔혹성이거니와 이에 가담한 병사의 면면을 보면 참혹한 비극을 넘어선 그 무엇이다. 주도적인 가해자 이 병장 외에 다른 병장과 상병이 가담하고, 윤 일병과 똑같은 피해를 당했던 이 일병은 "내가 했듯이 개처럼 행동해라. 그래야 네가 살 수 있다."고 하며 폭행에 가담했다. 수십 명의 목격자는 침묵함으로써 폭력에 동참했다. 병사를 관리해야 할 간부(유 하사)는 구타를 말리기는커녕 병사들이 보는 앞에서 책상용 스탠드로 윤 일병의 머리를 내리치거나, '선·후임병 간의 구타는 있을 수 있다. 잘 뭉쳐야 하니 구타가 있어도 참견하지 않을 것'이라며 구타를 묵인 또는 조장했다. 왜 우리의 아들들은 서로 죽고 죽이는 가해자와 피해자가 되어야 했는가. 왜 윤 일병은 도와달라는 비명조차 지르지 못했는가.

군대 내 가혹행위, 구타, 따돌림 등이 개인적 성향만의 문제가 아니며, 군대문화와 구조적 문제로 인해 근절되지 못한다는 것은 이제 누구나 아는 사실이다. 국가인권위원회는 2012년 인권 친화적 병영문화를 위한 정책·제도 개선안을 마련했다. 2011년 해병부대 초소에서 당시 만 열아홉 살이던 상병이 무시와 괴롭힘, '기수 열외'라는 따돌림을 견디지 못하고 총기를 난사해 사병 4명이 죽고 1명이 부상당한 사건을 계기로 상당한 기간에 걸쳐 면밀한 조사와 분석을 진행한 결과였다. 인권위는 군대 내에서 발생하는 가혹행위 등의 원인으로 인권이 제대로 보장되지 못하는 점을 지적하며, 독일 군인법 제6조가 군인에게 시민과 동일한 권리를 인정해 군인을 '제복 입은 시민'으로 규정한 점에 주목했다. 인권위는 군인복무규율 등의 각종 규정이나 지침이 군인이라는 이유로 과도하게 권리를 제한하고 의무만을 중심으로 규정되어 있다면서, 헌법과 국제인권규약상의 권리를 군인 지위의 특수성에 맞게 구체화하고, 장병의 인권침해에 대한 권리 구제 제도 및 절차, 구제 기관과 피해자 보호 조치 등이 명시된 장병 인권 보장의 법적 기준이 될 수 있는 '군인권법'을 제정할 것 등을 권고했다.

그러나 군은 문제의 심각성을 깨닫지 못하고 그 권고를 무시했다. 소원 수리 제도 등 군대 내 인권침해 신고 절차는 군대 내의 조사와 통제라는 점에서 병사들로 하여금 자신의 신분이 보

4. "그래도 한번 해봅시다"

행위의 잔혹성도 잔혹성이거니와 이에 가담한 병사의
면면을 보면 참혹한 비극을 넘어선 그 무엇이다. 주도적
인 가해자 이 병장 외에 다른 병장과 상병이 가담하고,
윤 일병과 똑같은 피해를 당했던 이 일병은 "내가 했듯
이 개처럼 행동해라. 그래야 네가 살 수 있다."고 하며
폭행에 가담했다.

호되며 객관적으로 조사가 이루어질 것이라는 기대를 하기 어렵게 만든다. 실제 병사들은 신분 노출의 위험, 보호받지 못할 것이라는 불안감 등의 우려 때문에 소원 수리 절차를 잘 이용하지 않는다. 인권위나 국민권익위원회 역시 1~2명의 인력만이 군 인권 문제를 담당하고 있어 60만 군인의 인권침해 문제를 조사하는 데 역부족인데다, 방문 조사조차 불가능해 실효성을 기대하기 어렵다.

병사들의 인권침해 상황을 개선하기 위한 가장 효율적인 제도로 독일식 국방감사관 제도를 모델로 한 군사옴부즈맨 제도를 많은 전문가들이 제시하고 있다. 군사옴부즈맨은 현역 군인 또는 제대 군인이 아닌 민간인이 참여하는 제도로 군 외부의 조사와 통제가 가능하고, 병사들이 언제 어디서든 자유롭게 접근할 수 있으며, 진정이 접수되면 군대 어디든 가서 문제를 신속하게 파악하고 해결할 수 있는 제도다. 현 상태로는 군대 내 인권침해 문제를 해결할 수 없다. 본질을 바꾸는 시스템의 변화가 필요하다. 지금 이 순간에도 군인이 된 우리의 아들들(또는 딸들)이 고통당하고, 고통을 가하고 있다. 군인권법 제정, 군옴부즈맨 제도 등의 도입은 더 이상 미룰 수 없는 시급한 과제다. 군인은 군번으로 명명되는 군수품이 아니라 '제복 입은 시민'이다.

잠시 내가 돌려보냈던 병사를 떠올려본다. 나는 심한 착각에 빠져 그 병사를 돌려보내며 한 젊은이의 미래를 구했다는 안도의 한숨을 내쉬기까지 했다. 폭력적인 병영문화를 거부하려 했던 병사의 소리에 더 귀기울이고 함께했어야 한다는 뒤늦은 후회가 밀려온다. 군대 내 폭력으로 사망한 병사와 관련한 진실을 파헤치는 영화 〈어 퓨 굿맨〉(A Few Good Men)에서 타협과 협상으로 진실을 감추려 했던 군법무관(톰 크루즈)의 모습이 자화상처럼 겹쳐진다. 극 중 톰 크루즈는 결국 병사의 사망이 군 상부의 지시(코드레드)에 따른 가혹행위 때문이었음을 밝혀내며 성장한다. 상부의 명령에 따른 것뿐이라며 자신의 무고함을 주장했던 가해 병사는, 군인으로서의 명예를 지키기 위해 자백하면 형을 감해주겠다는 제안을 거절하지만 종국에는 군인으로서 "약자를 보호하지 못했다."는 잘못을 깨닫고 불명예제대를 받아들이며 성장한다. 나의 성장은 내가 돌려보낸 병사의 고통과 내가 눈감았던 진실로 인해 희생된 수많은 병사들을 통한 부끄러운 것이었다. 국가와 국민을 지키는 영예로운 사람들, 그들은 바로 군인이며 이 땅의 '어 퓨 굿맨'들이다. 이제 그 명예를 되찾아야 할 때다.

🔒 김수정

5

마지막까지 기대를 놓지 말자!

"변호인,
수사를 방해하지
마시오!"

검사나 수사기관은 피의자의 진술거부권을 진실을 은폐하는 수단으로 생각하는 경향이 있다. 오히려 검사나 수사기관이 범죄자의 진술을 왜곡하여 조서를 꾸밀 수 있다는 두려움이 이 사회에 여전히 남아 있는데도 피의자의 진술거부권 행사를 못마땅해한다. 나아가 수사기관은 수사과정에서 피의자가 변호인의 조력을 받는 것을 극도로 꺼리기도 한다. 변호인이 옆에 없을 때 어떠한 방법을 쓰든 수사기관이 원하는 피의자의 진술을 얻으려 한다.

실제 필자가 변호인으로서 피의자를 접견하려 했는데 검사가 이를 막으려고 피의자를 매일 구치소에서 검사실로 출두하게 하거나, 수사도 하지 않으면서 수사 중이라고 거짓말한 사례가 있었다. 대법원에서 이런 검사의 행동이 위법한 처분임을 확인 받았지만 피의자의 권리는 이미 침해 당한 뒤였다.

2014년 11월 3일 검찰은 민주사회를위한변호사모임 소속 변호사 7명을 한꺼번에 대한변호사협회에 징계 신청했다. 그중 2명에 관해서는 수사기관의 수사 중에 의뢰인에게 허위 진술 또는 묵비권을 '강요'했다는 것이 징계 신청 이유였다. 당사자인 장경욱 변호사와 김인숙 변호사가 허위 진술이나 묵비권을 '강요'한 적이 없다고 밝혔으니 진실은 향후 절차에서 드러나겠지만 검찰이 내세운 징계 청구의 '명분'이 도무지 납득되지 않는

다. 변호인이 피의자에게 "진술거부권을 행사하라."고 한 것이
변호사 징계의 이유라니!

근래 드라마나 영화를 통해 피고인이 법정에서 변호인의 도
움을 받아 재판받는 모습을 많이 볼 수 있게 됐지만, 수사과정에
서 변호인이 신문에 참여해 피의자를 돕는 모습을 화면을 통해
접할 기회는 적은 편이다. 아마 이를 낯설게 느끼는 사람도 있을
것이다. 하지만 수사단계에서의 조사과정 역시 판사 앞에서 재
판받는 공판절차 못지않게 매우 중요하다. 경찰이나 검사는 범
죄 입증을 위한 중요한 진술을 수사과정에서 모두 미리 확보하
기 때문이다. 피고인 입장에서 보면 '수사절차에서 어떻게 이야
기했는지'가 자신의 재판 전체를 좌우할 수도 있는 법이다.

더구나 경찰이나 검찰은 두려운 존재이기 때문에 그곳에서
조사받는 보통 사람들은 엄청나게 위축되기 마련이다. 그때야
말로 변호인의 조력이 가장 필요한 순간인 것이다. 변호인이 여
러 가지 조력을 할 수 있겠지만, 그 가운데에서도 변호인이 조언
하는 '진술거부권'은 온전한 정신으로 자신을 위한 변명을 당당
하게 내놓지 못해 쩔쩔매는, 궁지에 몰린 범죄 피의자에게 보장
된 '탈출구' 같은 것이다. 자신을 둘러싼 상황이 어떻게 흘러갈
지 모르는데, 자신은 사건의 앞뒤 상황을 정확히 알지 못하는데,
수사관의 질문에 반드시 무슨 대답이라도 선택해 내놓아야 한

5. 마지막까지 기대를 놓지 말자!

다면 그 불안과 답답함은 겪어보지 않은 이는 쉽게 예측하지 못할 일이다.

"수사기관에 진실만을 말한다면 도대체 진술거부권이나 변호인의 조력이란 것은 불필요한 것 아닌가."라고 반문할 수도 있겠다. 하지만 피의자의 '진술' 자체가 사건의 모든 진실을 담아내지 못하는 경우가 있고, '조서'에 적히는 과정에서 '진실'조차 왜곡될 수 있다. '조서 작성'은 범죄자의 나쁜 행동을 강조하는 '수사기관의 조직 논리'에 영향을 받기 마련이다. 오죽하면 '조서를 꾸민다.'는 말이 관용되겠는가. 피의자는 '자신의 의사가 억압되지 않은 상황에서, 입 밖으로 내놓은 진술이 조서에 있는 그대로 반영될 수 있기'를 바란다. 변호인은 이를 돕는 것을 '업'으로 하는 사람이다. 때로는 변호인의 조력이 '진실'을 구해내기도 한다.

'공익의 대변자'. 검사에게 붙여진 이름표지만, 내가 직접 경험한 몇몇 검사의 모습 때문에 이 이름표가 걸맞지 않다고 생각한 경우가 종종 있었다. 특히 '진실을 찾는다'는 명분을 내세워 피의자와 변호인을 차단시키고 피의자를 고립시킨 상황에서 자신들이 원하는 진술을 '조서'에 '꾸며내기' 위해 무리하는 경우를 본 적이 있다. 예전, 아직은 '검사'라는 직함에 대해 불신보다는 믿음이 더 컸던 시기에 겪은 일이다.

내 의뢰인은 기업인이었는데 유력한 사회 인사를 도운 사실

© 연합뉴스

수사실에서 검사와 수사관들이 저녁밥을 시켜먹는 동
안, 우린 한쪽 검사실 안에서 방문을 열어두고 접견을
했다. 우리 의뢰인은 나에게 "사실 아까 오후 변호사님
이 기다릴 때부터 지금까지 난 검사실 한쪽에 앉아만 있
었지 조사는 진행되지 않았다."고 낮은 목소리로 얘기했
다. 난 검사의 접견 방해 행위를 문제삼기 위해 그 내용
을 의뢰인에게 직접 메모지에 쓰게 하고 서명하게 했다.
그 순간 어느새 검사가 다가와 메모지를 빼앗아갔다.

이 있었다. 검찰은 그 사회 인사의 비위 혐의를 잡아 전방위로 수사를 확대하고 있었는데, 정권이 교체된 지 얼마 되지 않은 시기였기 때문에 정치적 표적수사라는 의혹이 일던 때였다. 내 의뢰인은 사회 인사의 비위 혐의에 연루돼 있다는 의혹을 받았다. 다만 검찰은 우선 의뢰인의 회사를 수사해 회사 운영과 관련된 횡령 등 의뢰인의 잘못을 잡아내고 그 혐의 사실로 의뢰인을 구속했다. 속된 말로 '회사가 털린' 것이다. 검사는 구속된 의뢰인을 상대로 사회 인사에 대한 수사에 집중했다. 우리 의뢰인은 온갖 회유와 거래를 제안받았다고 했다. 검찰이 원하는 진술을 해 주면 회사 운영상의 잘못은 덮어주겠다는 것이었다.

난 수사상 부당한 행위가 발생하지는 않는지, 또 수사에 대비해 어떻게 진술할지를 의논하기 위해 의뢰인을 만나야 했다. 매일 구치소에 접견 신청을 했지만 소용이 없었다. 검사는 매일 아침 의뢰인을 검찰로 불러들였기 때문이다. 아예 검찰에서 의뢰인을 접견하기 위해, 또 수사에 참여하기 위해 검사실로 찾아갔지만 검사는 '변호인의 신문 참여가 수사에 현저한 지장을 초래할 우려가 있다.'는 이유로 수사 참여를 거부했다. 수사가 이루어지지 않는 동안만이라도 접견을 하게 해달라고 요청했지만 계속 '수사 중'이어서 안 된다고 했다. 검사실 앞 복도 대기실에서 포승줄에 묶여 화장실을 오고 가는 의뢰인과 눈인사 정도만을 나누고 몇 시간을 기다리는 날이 며칠 반복되었다. 내가 계속

항의하자, 어느 저녁 식사 시간 즈음 검사가 나에게 접견을 하라고 얘기해왔다. 자신들이 식사하는 시간에 접견을 하라는 것이었다.

수사실에서 검사와 수사관들이 저녁밥을 시켜먹는 동안, 우린 한쪽 검사실 안에서 방문을 열어두고 접견을 했다. 우리 의뢰인은 나에게 "사실 아까 오후 변호사님이 기다릴 때부터 지금까지 난 검사실 한쪽에 앉아만 있었지 조사는 진행되지 않았다."고 낮은 목소리로 얘기했다. 난 검사의 접견 방해 행위를 문제 삼기 위해 그 내용을 의뢰인에게 직접 메모지에 쓰게 하고 서명하게 했다. 그 순간 어느새 검사가 다가와 메모지를 빼앗아갔다. 그러고는 그 내용을 읽어보더니 순식간에 메모지를 찢어버렸다. 나보고는 '위법한 서신 교환'이라고 큰소리를 쳐댔다. 지금도 그 순간을 생각하면 가슴이 뛴다. 얼굴이 달아오르고 머리로 피가 몰리는 것 같다.

그때 그 사건에서 검사가 한 위법행위를 모두 모아 준항고 절차를 진행했다. 결국 대법원에서 검사의 행위가 "변호인의 조력권을 침해했다."는 결정을 받아냈다. 곧이어 해당 검사를 상대로 손해배상 청구를 준비하다가 그만두었다. 어릴 때 보던 무협지의 표현을 빌리자면 '출수하면서 손 속에 정을 둔 셈'이다. 그러지 말걸 그랬다. 준항고 결정만으로는 눈 하나 깜짝하지 않을 수도 있음을 이제야 알게 된 것이다.

시간이 꽤 흘러, 변호인의 조력을 받을 권리는 많이 신장되었다. 수사기관에 가보면 분위기가 많이 바뀐 것을 확 느낄 수 있다. 하지만 이번에 다시 검찰이 '진술거부권 권유'를 '진실을 은폐하는 수사 방해 행위'로 단정해 징계 청구하는 행태를 보고 많이 답답해졌다. 그때 메모지를 찢고 나서 오히려 나에게 눈을 부라리며 언성을 높이던 검사의 모습이 생각난다. 그 검사가 여전히 검찰 내에서 승승장구 승진하는 소식도 듣고 있다. 하지만 검사의 돌발 행동에 당황했던 그 마음과는 조금 달라진 것 같다. 검찰이 잘못한 일이라는 게 결국 밝혀질 것이고 또 조금은 이전보다 나아질 것이다. 그런 믿음이 이 안에 있다.

🔒 류신환

재범의
위험성이라는
허구의 개념

D는 국가보안법위반으로 유죄판결을 받고 형을 복역하다가 2003년에 출소하였다. D는 출소한 후 한 가족의 가장으로 평범한 삶을 살기 위해 노력했다. 그런데, 법무부는 2007년부터 관행적으로 2년에 한 번씩 D에게 보안관찰처분을 하였다. 그 이유를 보면, D가 생계에 어려움을 겪고 과거부터 알고 지내던 선후배들을 만나며, 보안관찰법의 폐지를 주장한다는 것이었다. 경찰은 수시로 D에게 연락하여 동태를 파악했고 3개월마다 무엇을 했는지 신고하도록 하였다.

이에, D는 서울고등법원에 보안관찰처분의 취소를 구하는 소송을 제기했다. 보통 행정사건은 1심부터 진행되어 3심제로 운영되는데, 보안관찰처분 사건은 서울고등법원에 소송을 제기해야 하므로 2심제로 운영되고 있다. 서울고등법원은 D에게 재범의 위험성이 없다고 판단하고 보안관찰처분을 취소하였고, 대법원도 같은 판결을 하였다.

사이버 사찰이 광범위하게 이뤄진다는 보도 이후 많은 사람들이 카카오톡을 탈퇴했다. 정부의 사이버 검열 논란 이후 일주일 만에 모바일 메신저 이용자 수가 100만 명 이상 줄었다고 한다. 나 역시 늦은 밤 사이버 망명을 선택하면서 성가시고 불쾌한 공권력의 감시와 참견에 짜증을 느꼈다. 머릿속 한켠에는 공권력의 부당한 감시를 받으면서도 나처럼 망명도 못 하고 고통을 견디며 살아야 하는 사람들이 떠올랐다.

잊을 만하면 경찰이 전화로 어떻게 지내냐며 공개적으로 사찰을 하고, 3개월에 한 번씩 경찰서에 가서 그동안 누구를 만났고 어디로 여행을 다녀왔으며 무엇을 했는지 신고해야 한다면 얼마나 불쾌하고 짜증이 날까? 경찰이 이미 내 이름과 성별은 물론 연락처와 집주소까지 알고 있어 수시로 전화하고 반갑지 않음에도 굳이 집까지 찾아온다. 이름과 성별, 주소와 연락처를 신고하지 않았다고 하여 형사처벌까지 받아야 한다면 얼마나 황당할까? 더욱이 국가가 증거를 조작해 누명을 씌우고도 또다시 같은 죄를 저지를지 모른다는 이유로 경찰이 수시로 찾아와 사찰하고 3개월에 한 번씩 경찰에게 근황을 신고해야 한다면 그 억울함을 어떻게 감당할 수 있을까? 자신의 일상이 전자발찌에 묶인 것처럼 국가의 감시로부터 벗어나지 못한 사람들이 생각났다.

A씨를 처음 만났을 때가 떠오른다. 독수리 눈매에 카랑카랑한 목소리를 가진 그분이 14년 동안이나 억울하게 감옥에 갇혀 살아온 사람으로는 전혀 보이지 않았다. 그런데 돈을 벌기 위해 세 차례나 일본으로 밀항했다가 추방을 당했다고 하니 보통 사람은 아닌 듯했다. 일본을 왔다갔다 하면서 한국에 머물 때는 기술을 익히고 자격증을 따며 미래를 준비했다. 그런데 세 번째로 일

본에서 추방당하고 고향에 내려가서 일하던 어느 날 보안부대에 끌려간 뒤 '간첩'이 되어 무기징역을 선고받고 가석방될 때까지 14년간 억울한 옥살이를 했다.

그런데 출소한 뒤 웃지 못할 일이 벌어졌다. 다시 간첩이 될 위험이 있다면서 법무부 장관이 보안관찰처분을 한 것이다. 보안관찰처분을 받으면 3개월마다 꼬박꼬박 경찰에 자신의 근황을 알려야 하고 이사를 가거나 국내여행이라도 가려면 경찰에 신고해야 한다.

B씨는 한국전쟁 때 이산가족이 되어 북한에 살고 있는 누나를 만나기 위해 1960년대에 북한에 다녀온 일이 있다. 그 뒤 특별한 일이 없이 20여 년간 자기 사업을 하며 평범한 일상을 살던 B씨는 보안사령부에 연행되더니 북한을 위해 활동한 간첩으로 조작됐다. 12년간 교도소에서 억울한 옥살이를 하고 출소했는데, 법무부는 이 사람에게도 다시 간첩이 될 재범의 위험성이 있다며 보안관찰처분을 했다.

무슨 근거로 이 사람에게 재범의 위험성이 있다고 본 것일까? 내가 모르는 문제가 있지 않을까 싶어 기록을 꼼꼼히 살펴봤다. 그 이유는 간단했다. 범행을 부인하고 국가보안법과 보안관찰법의 철폐를 주장했기 때문에 또다시 간첩이 될 위험이 있다는 것이다.

지금 중국에서 새로운 인생을 살고 있는 C씨는 한때 보안관찰 때문에 해외여행은 꿈도 꾸지 못했다. 수감 중에 국가보안법과 보안관찰법의 폐지를 주장하고 결혼하지 않았으며 고정된 직업이나 수입이 없다는 이유로 보안관찰처분을 받았기 때문이다. 얼마 전 재판을 통해 보안관찰의 굴레에서 벗어난 D씨 역시 평소 보안관찰법의 폐지를 주장하고 생계에 어려움을 겪고 있으며 과거부터 알고 지내던 선후배들을 지속적으로 만난다는 이유로 보안관찰처분을 받았다. 2007년부터 시작된 보안관찰처분은 올해 법원에서 취소 판결을 받기까지 8년간 계속됐다. 법에서는 처분 기간을 2년으로 한정하고 있지만, 갱신 횟수에 제한을 두고 있지 않다보니 법무부가 그만두지 않는 이상 D씨처럼 죽을 때까지 국가의 상시적인 감시를 받아야 한다. 내가 맡은 사건들만 유독 특이한 것일까? 그럴 리는 없을 터이다.

　2002년 국가인권위원회의 실태조사 보고서에는 보안관찰처분의 이유들이 나오는데, 경찰에 출소 신고를 하지 않은 점, 행형 성적이 좋지 않은 점, 범죄 혐의를 부인한 점, 국가보안법과 보안관찰법의 폐지를 주장한 점, 수감 중 교도소 접견 시간의 보장을 요구하며 단식을 한 점, 수감 중 자서전을 발간한 점, 이혼 뒤 재혼하지 않은 점, 보안관찰처분 대상자들과 함께 살고 있는 점, 일정한 직업이 없어 생활이 불안정한 점, 처의 수입에 의존해 사는 점, 인터넷 사용을 잘하는 점 등을 들고 있다. 너무나 어

　　　　　　　　　　　　　　　5. 마지막까지 기대를 놓지 말자!

처구니없는 이유들이다. 생존 자체를 재범의 위험성으로 들고 있지 않은 것만으로도 다행일 정도다.

국가의 사찰과 감시를 주된 내용으로 하는 보안관찰의 법적 정당성은 '재범의 위험성'에서 비롯된다. 그러나 이처럼 '재범의 위험성'은 허구의 개념이고 처음부터 인정되기 어려운 개념이었다. 국가는 이렇게 허구의 개념을 동원해 보안관찰처분을 하고 상시적이고 노골적으로 사찰과 감시를 하고 있는 것이다. 처분 대상자였던 어떤 분은 이를 '국가의 저강도 길들이기'라고 표현했다. 더욱이 밖으로 표출된 구체적인 위험이 아니라 법, 특히 국가보안법과 보안관찰법에 적대적인지가 처분의 결정적 근거로 작용한다는 점에서 보안관찰처분은 또 하나의 사상 통제법이라는 비판에서 자유로울 수 없다.

보안관찰법은 사회안전법의 대체 법안으로 탄생했다. 비전향장기수를 2년마다 심사해 전향을 강요하고 이에 응하지 않으면 감옥에 가둬두던 것이 사회안전법인데, 인권침해 논란으로 1989년에 폐지되면서 구금을 대신해 상시적으로 사찰이 가능한 보안관찰법으로 대체한 것이다. 그런데 사회안전법도 그 역사를 거슬러 올라가면 일제강점기에 조선의 사상범에 대한 '보호관찰령'의 보호관찰제도와 치안유지법의 예방구금제도를 고스란히 승계해 규정한 것이다. 박정희 전 대통령이 1975년 5월 유신체제 강화를 위해 긴급조치 제9호를 발동하고 두 달 뒤인 7

월 국회 회기 만료 직전인 새벽 3시에 여당 의원들만 참석한 가운데 날치기로 통과시킨 법이다. 이렇게 보안관찰법의 역사를 거슬러 올라가면 일제 식민지 통치와 유신체제에 맞닿아 있다.

경찰서에 신고하는 것이 뭐가 어려운 일이냐고 이야기하는 사람들도 있다. 그러나 여행을 하든 이사를 하든 일거수일투족을 신고해야 하고 경찰의 상시적인 감시를 받으며 잠재적인 범죄자 취급을 당하는 일은 창살 없는 감옥에 사는 것과 다를 바 없다.

얼마 전 재판을 통해 보안관찰의 굴레에서 벗어난 한 사람은 이렇게 말씀하셨다. "저는 거창한 이념도 목표도 갖지 않고 하루하루를 살아가는 평범한 시민일 뿐입니다. 저의 요구는 소박합니다. 제가 굳이 저의 '결백'을 입증하지 않아도 그전 평범한 한 사람의 시민으로 대해주는 것입니다."

최근 문제가 된 사이버 사찰에 대한 논쟁이 무고한 시민 또는 우리 사회가 탐탁지 않게 여기는 사람들에게 매일 발가벗겨진 삶을 강요하는 보안처분의 문제도 함께 고민하는 계기가 되었으면 좋겠다는 간절한 바람이다. 창살 없는 감옥에서 이마 위로 끊임없이 떨어지는 물방울을 맞으며 평생을 살아야 하는 사람들의 고통을 상상해본다면 말이다.

🔒 이상희

5. 마지막까지 기대를 놓지 말자!

나비효과와
두 번의 실형

삶은 때로는 급류처럼 흐르기도 한다. 작은 일 하나가 한 사람의 인생을 좌우한다면, 그건 과연 그의 삶에 공정한 걸까? 누가 그 결과를 쉽게 납득할 수 있을까?

짧게는 몇 개월, 길게는 몇 년. 변호사는 의뢰인과 함께 의뢰인이 겪는 인생의 급류를 지켜봐야 한다. 영원히 진실은 알 수 없지만, 변호사는 그 과정에서 의뢰인이 겪는 고통과 그에게 닥친 가혹한 운명을 지켜봐야 한다.

〈나비효과〉라는 노래가 있다. "내일 일을 지금 알 수 있다면, 후회 없는 내가 될 수 있을까. 내가 지금 알고 있는 모든 걸. 널 보낸 그때도 알았었더라면." 돌이켜보면 삶은 우연 속 회한의 연속일지도 모른다.

영화보다 더 극적인 일들이 실제 일어나기도 하는데, 변호사는 의뢰인이 겪는 그런 소용돌이를 함께 겪기도 한다. 변호사의 경험은 직접경험과 간접경험의 중간 정도가 될 것이다. 그런 사건을 맡을 경우, 특히 형사사건일 때 좋지 않은 재판 결과가 나오면 오랫동안 후유증에 시달리게 된다. 변호사의 직업병이리라. 두 차례. 합이 2년이 넘는 징역. 그보다 훨씬 더 긴 5년여에 걸친 6번의 형사재판. 그것이 사소한 일로부터 시작되어 한 사람에게 닥친 일이라면. 그 일은 그 사람의 운명을 송두리째 바꿔놓을 만큼 가혹한 일이 아닐 수 없다.

심각하고 불안한 얼굴로 젊은 남자가 회의실에서 기다리고 있었다. 내가 자리에 앉자 그는 직접 초안을 잡은 항소이유서를 내밀었다. 그는 1년이 넘는 실형을 선고받고 판결이 확정돼 만기를 채우고 출소한 뒤, 새로운 재판에서 다시 1년의 실형을 선고받은 직후였다. 단 한 번의 전과도 없던 그가 유일한 전과를 실형으로 살고, 또다시 실형을 선고받은 것이다. 다행히 1심 법원은 항소심 재판을 하는 동안 불구속 상태에서 재판에 임하라고 법정 구속은 하지 않았다. 그는 두툼한 소송 기록을 보여주면서 억울하다고 했다.

사건 기록을 보니, 그가 두 번이나 실형을 선고받은 사건의 내용은 이런 일로 두 번의 실형을 선고받았다는 게 믿기지 않을 만큼 사소한 일에서 시작됐다. 그가 여행업체의 이벤트에 당첨되어 상품으로 200만~300만 원 상당의 여행상품권을 받았는데, 그가 응모한 여행기가 문제였다. 한 회원이 게시판에 그의 여행기가 다른 사람의 블로그에 있는 글을 베낀 것이라고 문제를 제기했다. 그 뒤 게시판에는 그를 비난하는 악성 댓글이 줄줄이 달렸고, 나중에는 그의 실명까지 거론하며 원색적인 비난을 하는 글이 올라왔다. 누군가 그의 실명을 유출한 것인데, 그는 게시판 관리자를 의심했다. 그는 관리자에게 게시판의 악성 글들을 지워달라 항의하고, 자신의 실명이 어떻게 그 사람들에게 유출됐는지를 따졌다. 그런데 관리자는 제대로 대응하지 않았다. 대신 게시판 관리자는 '그가 잘못을 시인했으며, 그의 상품을 박탈하고, 저작권 침해로 고발할 것'이라는 공지를 올렸다. 화가 난 그는 관리자를 명예훼손으로 고발했다.

모두 천수백 쪽에 이르는 사건 기록을 읽다보니, 그가 고소한 사건의 수사는 지지부진했던 반면, 어느 순간 그의 처지가 180도 바뀌어 있었다. 고소인 자격으로 출석해 참고인 조사를 받던 그를 검사가 긴급체포한 것이다. 어디서부터 잘못됐을까?

그를 체포한 이유는 그가 고소하면서 증거로 낸, 게시판 관리자가 보냈다는 전자우편이 조작되어서 사문서 위조와 행사라는 것이었다. 그는 명예훼손으로 고발하면서 여러 개의 전자우편을 냈는데, 그중 관리자가 자신에게 전자우편으로 사과를 했었다고 한 전자우편이 있었다. 그런데 게시판 관리자는 그 전자우편을 보낸 적이 없다고 했다. 검사는 그가 출석하기 전에 포털 사이트에 그가 관리자에게서 받았다는 게시판 관리자의 전자우편이 그의 우편함에 있는지를 조회했는데, 포털 사이트로부터 그런 전자우편이 없다는 회신을 받아놓고 있었다.

대개 체포된 뒤로는 사건의 분위기가 완전히 바뀌고, 수사는 급물살을 탄다. 검사는 게시판 관리자에 대한 명예훼손 주장은 전혀 받아들이지 않았고, 관리자는 무혐의 처분을 받았다. 반면 억울하다고 주장하는 그는 기소가 되었다. 사실 그 전자우편은 명예훼손 여부와 큰 관계도 없었다. 그런데 갑자기 전자우편의 진위가 사활이 걸린 쟁점이 된 것이다.

여기서부터일까? 그의 삶은 소용돌이에 휩쓸렸다. 그는 재판 과정에서 억울하다고 주장했지만 받아들여지지 않았다. 가장 큰 이유는 디지털 증거는 조작할 수 있고, 그의 우편함에 그 전자우편이 없었다는 것이었다. 그는 자신의 아이디와 비밀번호를 게시판 관리자가 알기 때문에 해킹당할까봐 그 전자우편을 캡처해놓고, 자신의 다른 전자우편 계정으로 전송하고, 그 우편함에서는 지웠다고 했지만, 법원은 그 말을 곧이듣지 않았다. 그의 말을 뒷받침할 만한 정황이 없는 것도 아니었지만, 법원은 유죄를 인정했다. 보통 피고인이 결백을 주장하는 경우 극렬하게 다투게 되는데, 법원은 그런 그를 개전의 정이 없다며 실형을 선고했고 대법원에서 형이 확정되었다.

만기 출소 뒤 그는 무모해 보이는 행동을 했다. 게시판 관리자가 법정에서 위증을 했다고 검찰에 고소한 것이다. 검사는 그를 무고 혐의로 기소했다. 그는 사문서 위조로 이미 유죄 확정판결을 받은 상태였고, 이전 재판 결과를 뒤집기는 쉽지 않았다. 그는 이번에는 무고로 실형을 선고받은 것이다.

항소심을 수임하고, 디지털포렌식 전문가의 도움을 받아 온 갖 방법을 동원해 전자우편의 헤더와 그 포털 사이트의 전자우편 헤더들을 분석했지만, 직접 증거를 찾아서 제시할 수는 없었다. 다만 일반인이 그런 조작을 하는 게 쉽지 않다는 점과, 조작이 가능하다는 이유로 그 전자우편의 증거가치를 무시해서는 안 된다는 주장만을 할 수 있었다. 궁여지책으로 게시판 관리자에게 재판부에 선처를 바란다는 탄원서 제출을 부탁해봤지만 거절당했다.

직접 증거가 없는 진실게임의 양상 속에서, 나도 그의 말이 진실이라고 100% 확신할 수는 없었다. 하지만 그가 정말 억울했기 때문에 무모한 두 번째 고소를 한 게 아닐까라는 생각이 들었다. 그러나 항소심과 대법원은 그에게 개전의 정이 없다는 이유로 그대로 실형을 선고했다.

판결 결과를 받고, 오랫동안 후유증에 시달렸다. 그는 다른 사람의 글로 상품을 탄 잘못은 있지만 분명 명예훼손과 개인정보 유출의 피해자이기도 한데, 그 피해에 대해서는 수사기관으로부터 아무런 도움도 받지 못했다. 반면 명예훼손이나 개인정보 유출과는 상관도 없던 전자우편 하나로 그는 검찰과 5년간 백척간두의 법정싸움을 하며 20대 후반을 보내야 했다.

그가 거짓말을 한 것이 아니라면. 설사 그가 거짓말을 했더라도(나는 그렇게 생각하지는 않지만), 그는 억울하지 않을까? 그가 치른 시련과 대가는 응당한 것일까? 일방적으로 자기만 당한다는 생각은 어떤 일에 외곬으로 매달리게 만들 수 있지 않을까. 검찰이나 법원의 입장에서 누가 이 사건을 기억할까?

일벌백계를 옹호하지 않는다면 그 재판이 오심이 아니더라도 이벤트 공모를 둘러싼 사건에서 비롯된 그 사건의 처리가 잘됐다고 보기 어려울 것이다. 그 결과는 한 사람에게 평생의 불행이 되었다. 처음부터 검찰이 양쪽을 잘 조율하면서 균형 있게 고소 사건을 처리했더라면, 그도 다르게 접근했으리라. 나비효과의 가사처럼. 누군가에게 삶은 회한이 가득하게, 이렇게도 흘러가는구나. 그는 오래도록 나를 가슴 아프게 한 의뢰인이었다.

🔓 이은우

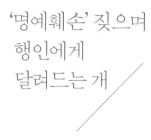

'명예훼손' 짖으며 행인에게 달려드는 개

MB정부 이후 '명예훼손죄'라는 형벌 수단을 동원하여 표현의 자유를 과도하게 제한하려는 사건들 중 알려지지 않은 한 사건의 뒷이야기다. 이 사건은 평소 정부에 비판적인 한 교수의 온라인 매체에서의 기고글에 대해 검경이 명예훼손죄를 들이댄 사건이다.

명예훼손에 대한 우리나라의 법 체제를 설명하면 반응은 크게 두 가지로 극명하게 갈린다. 하나는 말도 제대로 못 하게 하냐이고, 다른 하나는 겨우 그것밖에 처벌받지 않냐다. 우리나라에서는 명예훼손죄의 처벌 범위가 넓고 불명확하기 때문에 맘만 먹으면 대부분 명예훼손죄로 고소할 수 있다. 반면 악의적이고 반복적인 경우가 아닌 한 대부분 벌금형에 그친다.

그래서 명예훼손죄는 '잽' 역할을 하고, 결정적인 다른 한 방으로 스트레이트를 날리게 된다. 그러나 권력층에 의한 명예훼손죄 고소는 잽이 아니라 스트레이트가 될 수 있다. 특히 이명박정부 때는 사건 등에서 명예훼손죄가 정부 비판을 막기 위한 방패로 남용됐고, 그 밖에도 언론에 많이 나지 않았지만 명예훼손 죄의 올가미로 고생한 경우가 많이 있다. 이명박 정부 때 대운하·4대강 문제 등에 대해 꾸준한 비판하던 홍성태 교수도 그중 한 명이다.

사건은 홍 교수가 2009년 9월24일 《프레시안》에 게재한 '이명박부터 정운찬까지… 신의 아들이 지배하는 나라' 제목의 칼럼에서 시작된다. 당시는 《월간조선》에서도 '대통령·총리·국정원장·감사원장 등 정부 4대 핵심 요직 군 면제 사례는 현 정부가 처음'이라는 기사가 보도될 정도로 이명박 정부 고위 공직자의 병역 문제가 사회적 문제로 대두되던 시기였다.

홍 교수의 칼럼은 병역의 의무는 모든 국민에게 평등하게 부과되어야 한다면서 이명박 정부의 병역 문제를 전반적으로 지적하는 내용이다. 문제는 칼럼 중간에 인용한 고위 공직자 16명의 병역 면제 관련 표. 홍 교수는 인터넷에서 자료를 찾다가 발견해 인용했는데, 아뿔싸! 그중 이동관 전 홍보수석과 안병만 전 교육과학기술부 장관은 군필임에도 면제로 기재되어 있었던 것이다.

홍 교수는 인터넷에 칼럼을 올렸다가 표에 일부 인사의 병역 상황이 잘못됐다는 연락을 받고 5시간 뒤 바로 삭제했다. 그런데 그사이 홍 교수의 칼럼이 인터넷에서 퍼짐에 따라 이동관과 안병만이 홍 교수를 명예훼손죄로 고소했다.

쟁점은 간단했다. 사실관계를 제대로 확인하지 않은 과실은 있지만, 과연 비방할 목적으로 고의적으로 한 것이라고 보아서 형사책임까지 물을 수 있느냐였다. 당시 정황상 홍 교수의 단순 실수로 보이는데, 과연 수사기관이 이명박 정부를 계속 비판해 온 홍 교수의 말을 믿어주느냐가 관건이었다. 홍 교수에게는 최대한 설득해보되, 설득이 안 되더라도 벌금 100만~200만 원 정도로 끝날 사건이라고 하고 서울지방경찰청에 함께 출석했다.

서울지방경찰청 사이버수사대에 들어가니 담당 팀장이 "지금 도착했다. 변호인은 누구다."라고 전화 보고를 한다. 기껏해야 벌금사건인데 난리군. 그 뒤 담당 팀장과 홍 교수의 공방은 예상대로 지루했다.

수사관 "노무현 때는 이러지 않았는데…"

문: "병무청 사이트에 들어가면 공직자들 개인별 병역 상황을 쉽게 검색할 수 있는데 모르고 표를 올렸다는 것이 말이 되냐."

답: "그래야 하는데 시간이 부족해서 표의 내용을 일일이 확인하지 못했고 인터넷에 워낙 많이 퍼져 있어서 맞는 것인 줄 잘못 알았다. 실수는 인정하는데 고의는 아니었다."

문: "인터넷에 기고도 많이 하는 교수님이 사실관계를 확인하지 않았다는 게 말이 되냐."

답: "그러니까 실수는 인정한다는 것 아니냐. 실수를 깨닫고 최선을 다해 바로 시정했고 고소인들에게 사과의 뜻을 전달했다."

문: "고위 공직자들에 대해서는 청문회도 하기 때문에 병역 상황을 다 알고 있지 않느냐."

답: "어떻게 일일이 다 기억하냐. 만일 고소인들을 노렸다면 눈에 띄지 않게 표에만 두지 않았을 텐데 칼럼 본문에 고소인들 이름을 언급하지도 않았다."

경찰이나 검찰에서 조사를 받아본 사람은 조사 과정이 얼마나 지겨운지 안다. 수사관이 물어보면 대답하고 수사관이 타이핑을 마칠 때까지 한동안 멍하니 기다렸다가, 다시 물어보면 대답하고 수사관이 타이핑을 마칠 때까지 또 멍하니 기다렸다가, 다시 또 반복. 지루하게 하루 종일 조사를 받았는데도 조사가 미진하다고 다시 조사 기일을 잡는다.

이번엔 팀장이 바빠서 다른 수사관이 조서를 작성했고, 중간 쉬는 시간에 1층 휴게실에서 수사관과 조우했다.
"조서 작성하느라 수고하십니다."

수사관은 씩 웃으며 말한다. "노무현 때는 그렇게 욕해도 이러지 않았는데…."

나도 씩 웃는다.

조사를 마치고 며칠 뒤 경찰은 "이명박 정부의 고위 공직자들이 병역을 면제받았다며 허위 명단을 유포한 대학교수 등이 경찰에 붙잡혔다."고 대대적으로 기자들을 대상으로 브리핑했다. 처음에 '정당한 비판을 억압하기 위해 사소한 실수를 심각한 필화로 만든 사건'이라면서 방방 뜨던 홍 교수는 졸지에 잡범이 되었다.

얼마 뒤 홍 교수는 서울중앙지검에서 또 비슷한 질문으로 9시간 동안 조사를 받은 뒤 기소되었다. 수사기록을 복사해서 홍 교수께 드리니 기겁을 한다. 수사기록을 보니 홍 교수의 6개월치 전자우편에 대해 압수수색을 한 것이다. 헐! 이동관에게 '너 면제지?' 했다가 6개월치 전자우편이 다 털린 것이다. 더 짜증 난 것은 그래놓고 검찰에서 증거자료로 제출한 것은 단 1건도 없고, 평소 홍 교수가 정부 비판적으로 쓴 기고글 정도가 증거자료로 제출되었다.

몇 차례 공판기일을 진행한 뒤 선고기일이 잡혔다. 결과는? 공소기각! 명예훼손죄는 피해자가 고소를 취하하면 유무죄 따지지 않고 '공소기각' 선고로 사건을 종결 처리하는데, 고소인들이 선고기일 며칠 전에 고소를 취하한 것이다.

인터넷에서의 악의적인 글로 피해자가 입는 정신적 고통은 심각하다. 최근 유산된 아기 합성사진으로 고통을 당한 백지영 씨 사건이 대표적이다. 그러나 법 적용은 공평해야 한다. 우리나라 국민 중에 이동관 전 수석과 안병만 전 장관이 군필인지 면제인지 관심 있게 볼 사람이 얼마나 있겠는가. 청와대 수석이나 장관 정도 되면 난 아니라고 보도자료를 내면 그만이지 그걸 형사고소까지 하고, 거기에 맞춰 수사기관은 6개월치 전자우편까지 압수수색하면서 달려들다니. 내 기준으로는 이명박 정부를 계속 비판해온 홍 교수에 대한 경고성 잽으로 보였다.

동네 골목길 집에 사람만 지나가면 으르렁대는 개가 있었는데, 그 집에 도둑이 들어 경찰차가 출동한 적이 있었다. 온라인 정화라는 명목하에 이동관과 안병만의 명예를 지키기 위해 악착같이 6개월치 전자우편까지 압수수색하던 검찰과 경찰이 왜 그보다 몇백만 배 중요한 우리나라의 민주주의가 온라인에서 도둑맞는 것은 분노하지 않는가. 검찰과 경찰은 권력층의 심기를 건드리지 말라고 동네 사람들에게만 으르렁대지 말고, 진짜 도둑놈들에게 온몸으로 달려들어서 민주주의를 지켜야 한다. 그러면 말하지 않아도 영화 〈하치 이야기〉와 같이 국민이 자발적으로 성금을 모아 동상을 건립하는 충견 하치가 될 것이다.

🔒 이상훈

으리으리한
재판정의
진심을 믿으리

파견근로자보호 등에 관한 법률은, 파견근로자를 2년 이상 사용하면 직접 고용해야 한다는 조항을 두고 있다. 파견이 허용된 업종이 아닌 곳에 근로자를 파견하는 '불법파견'의 경우에도 이 조항이 적용되어 2년이 지나면 정규직이 되어야 한다고 대법원이 판단하자, 회사는 파견법 자체가 헌법에 위반된다면서 2010년 헌법소원을 제기하였다. 이 사건에서 2013년 6월 헌법재판소가 공개변론을 열었는데, 재판소는 다수 당사자인 노동조합 조합원들의 법정소란을 걱정하였지만, 실제 이 사람들은 누구보다 질서를 지키면서 법정에서의 한 마디 한 마디에 귀를 기울였다.

법원 앞에는 거의 언제나 1인시위를 하는 사람들이 있다. "법대로 하면 되지 왜 저러나." 싶어서 눈살을 찌푸리는 사람이 많고, 법으로 먹고사는 사람은 특히 더 많이 못마땅할 것이다. 그들 중 일부는 이미 확정된 판결에 불만을 갖고 김○○ 판사가 대기업 편을 들었다거나 엉터리 판결을 했다고 욕하는 폿말을 들고 있기도 하지만, 많은 경우 너무 늦어지는 판결을 촉구하거나, 어떤 판결을 내려달라고 호소하는 내용을 담고 있다. 지금도 서울 서초동 대법원 앞에선 한 기타 회사에서 정리해고된 노동자들이 돌아가며 24시간 1인시위를 하고 있다.

판사 친구는, "법원은 판결로 말한다."며 할 말이 있으면 서면으로 작성해서 내지 그러면 어떡하냐고 혀를 찬다. 이렇게 법원 앞에서 '위세를 보이는 것'(시위(示威)의 사전적 의미이기도 하다)은 사법부의 독립성을 침해한다고 꾸짖는 선배도 있다. 자칫 압력을 가하는 것으로 보여 오히려 부작용을 낳을까 짐짓 걱정해주는 사람도 있다. 고백하자면 나 또한 그런 걱정을 안 해본 바 아니니, 법원이나 헌법재판소 사람들이 그런 걱정을 하는 것은 어쩌면 당연할 듯도 싶다. 집단적 노동 사건처럼 당사자가 다수이거나 위안부 할머니들처럼 사회운동 열기가 높은 사건들은 더더욱 경계의 대상이 되곤 한다.

2013년 6월 헌법재판소에서 공개변론이 열린 현대자동차 비정규직(사내하청) 노동자들의 사건에도 어김없이 그런 잣대가 적용됐다. 이 사건은 현대자동차 공장에서 '사내하청' 형태로 근무하는 노동자들에 대해 '도급'이 아니라 '근로자파견'에 해당하니 2년이 경과하면 현대자동차가 직접 고용해야 한다고 2010년 대법원 판결이 나오자, 회사에서 그 근거가 된 근로자파견법이 위헌이라며 제기한 헌법소원이다. 3년간 서면 공방이 오가다 2013년 초 헌법재판소가 공개변론(헌법재판소는 지난 몇 년간 사회적으로 의미 있는 사건들에 대해 연간 5~6회 공개변론을 실시하고 있다)을 결정했다.

이런 사건이면 으레 그렇듯 '방청'에 대한 사전 협의가 진행됐

5. 마지막까지 기대를 놓지 말자!

다. 청구인 쪽에게 몇 자리, 피청구인에게 몇 자리 방청권을 줘야 하는지, 일반인 방청객에게는 얼마나 많은 자리를 배정할 수 있는지, 추첨해야 할지 선착순으로 해야 할지…. 예능프로 〈개그콘서트〉나 〈뮤직뱅크〉의 인기를 방불케 하는 방청권 경쟁에 더해, 당사자들이라 할 수 있는 노조원들이 혹시나 법정 질서를 어지럽힐까 하는 우려가 전달됐다. 변론 전에 재판소 앞에서 집단적으로 시위 같은 것을 할 거냐, 기자회견이 예정되어 있느냐, 법정 내에서 구호를 외치면 절대 안 된다, 조끼 정도는 괜찮지만 머리띠는 안 된다…, 대리인인 변호사가 중간에서 잘 이야기를 해달라는 취지다. "우려를 전달은 하겠다." 정도로 답하고 심판정에 들어간다.

조끼를 입은 조합원들이 방청석의 절반을 채우고(결국 헌법재판소는 이날 방청권을 회사와 노동조합에 동수로 배정했다.) 변론이 시작됐다. 정해진 순서에 따라 이 법이 위헌이라는 청구인(현대자동차 주식회사)의 주장요지와 피청구인(정확히 말하면 합헌이라고 해야 하는 고용노동부와 실제 이 사건의 이해관계인인 사내하청 노동자들)의 주장요지가 진술되고, 양쪽에서 추천한 참고인의 진술과 재판관들의 질문이 이어졌다. 마지막으로 양쪽 대리인의 최후 주장까지 복잡한 법리적 용어가 어지러이 오가고, 몇 년간 이 사건을 들여다보던 나도 자칫하면 논리의 흐름을 놓치거나 졸음이 올 만한 시간이 2시간 넘게 흘렀다. 회사 쪽 대리인이나 참고인이 사실관계에 대해 말도 안 되는 주장을 하고, 이 법이 적용되면 금방이라도 회사가 망할 것같이 호들갑(언론을 통해 다들 아는 것처럼 현대자동차의 순이익은 2009~2011년 평균 약 4조 3천억 원이며, 정규직화 비용은 그와 대비했을 때 2.8~3.6%에 지나지 않는다)을 떨 때는 흥분을 참지 못하는 순간도 있었다.

정작 당사자들은 어떤가 싶어 방청석의 조합원들을 돌아보았다. 그런데… 거기에 있던 것은 야유나 비아냥과는 거리가 먼 장면이었다. 세상에서 가장 거룩하고 엄숙한 설교라도 되는 듯 재판관과 참고인, 변호사들의 말을 새겨듣고, 고개를 끄덕이고, 눈을 반짝이며 앉아 있는 사람들이 있었다. 바로 자기 이야기가, 으리으리한 헌법재판소 대심판정에서 진지하게 논의되는 것을 지켜보며, 재판관들이 잘 이해해주기를 누구보다 바라는, 진심이 거기 있었다. 변론의 마지막, 이 사건이 문제가 된 바로 그 노동자들의 이름과 사건 내용을 읽어 내려갈 때, 일부 조합원이 눈물을 글썽이거나 코를 훌쩍인 것을 제외하고는, 졸거나 지루해하는 사람도, 소리치는 사람도, 구호를 외치는 사람도 하나 없이, 그렇게 변론이 끝났다. 들어올 때와 마찬가지로 조용히, 그날 변론 과정에서 나온 말들이 재판관들의 마음에 잘 울렸기를 바라며, 혹시 잘못되면 어쩌나 걱정하며, 조합원들은 그렇게 심판정을 빠져나갔다. 그분들이 걱정하는 어떠한 소란도, 법정 모독도 없었다.

돌이켜보면, 늘 그랬다. 매일같이 노동자의 권리가 부정되고, 불법파업으로 매도되어 체포되고, 신의칙이나 권리남용이라는 이름으로 노동법상 원칙이 부인되는 판결을 받으면서도, 법과 법원을 믿는 사람들은 바로 그 사람들이었다. 반대로 상담실에서 전관예우를 걱정하고 "빽 있는 변호사를 선임해야 하지 않냐?"고 물어 그런 거 없는 변호사의 자존심을 긁어놓았던 사람들은 모두, 돈 많고 힘있고, 그래서 그 빽을 경험해본 사람들, 그 빽을 살 여력이 있는 사람들이었다. 아무것도 가진 게 없고, 고가의 수임료는 엄두도 못 내는 이 사람들은, 정말 어처구니가 없을 정도로, 사법부를 신뢰하고 "그래도 법원까지 그럴 리는 없겠죠."라고 했다. 나 같은 무지렁이 변호사가 화가 날 정도로 천진난만하게 법원에서는 상식과 정의가 승리하리라는 믿음을 내비치곤 했다.

그런 사람들이, 높으신 분들이 자신들의 이야기를 들어주는 공개변론을 해준다는데, 소란을 피우고 억지를 부리고 야유할 이유가 없지 않은가. 오직 정의와 상식이 숨 쉬는 법의 세계에서 사람의 권리가 제대로 실현되기를 바랄 뿐.

그러니 오늘 밤 대법원 앞을 지날 때는, 기타 공장에 다니던 노동자들이 들고 있는 푯말을 다시 한번만 눈여겨봐주시라. 푯

말에는 그저 "대법원의 정의로운 판결을 촉구합니다."라고 쓰여 있다. 이들은 법원을 공격하거나 소란을 피우거나, 재판이라는 공정한 규칙을 깨고 힘으로 하자고 압박을 가하려 생떼를 쓰는 게 아니다. 그저 유능하고 아는 사람 많은 변호사를 선임하는 것이 아니라 자신이 생각하는 상식이 더 힘이 세다고 순진하게 믿는, 주요 일간지 칼럼이나 세련된 말로 '여론'을 만들어낼 줄은 모르지만, 마지막까지 기대를 놓지 않으면서, 누구보다 법과 사법부를 신뢰하고 그 마지막까지 기대를 놓지 않는, 그런 사람이니 말이다.

🔒 김 진

다음 헌법소원은
'국정원 선거 개입'

필자는 2001년과 2014년 헌법재판소에서 위헌결정을 받은 국회의원 선거제도에 근본적인 문제제기를 한 적이 있다. 2001년 7월에 위헌결정을 받은 사안은 국회의원 후보자 등록 기탁금 제도, 그리고 비례대표 국회의원 배분방식과 관련한 '1인1표제'에 대한 것이었다. 특히 1인1표제에 대해 위헌결정으로 비례대표 국회의원 선거제도는 완전히 바뀌었고, 그 직접적인 결과가 2004년 민주노동당의 국회의원 10명 배출이었다.

2014년 10월 30일 위헌결정을 받은 내용은 국회의원 선거구 획정에 있어서 인구편차에 대한 것이었다. 선거구의 인구편차 기준으로 상하 33⅓%, 인구비례로 2:1을 넘어선다면 위헌이라 주장하였고, 헌법재판소도 그와 같이 결정하였다. 하지만, 위헌결정 후 새누리당과 새정치민주연합 사이의 논의를 보면, 선거제도의 개혁으로 나아가는 것이 아니라 양당의 기득권만 조정하거나 관심사를 서로 주고받고자 하는 것으로 보인다.

그 결과 비례대표 국회의원 수가 줄어들 수도 있는 상황이다. 하지만 선거구 인구편차에 대한 헌법소원이 제기한 문제는 투표가치의 평등이다. 따라서 보수 양당의 기득권을 줄이는 결과가 되더라도 진정한 투표가치의 평등을 실현하기 위한 선거제도가 논의, 도입되는 계기가 되는 것이 위헌결정의 취지에 맞는 것이다.

나는 2000년과 올해 헌법소원을 통해 우리나라 국회의원 선거제도(결과적으로는 지방의회 의원 선거제도도 포함)에 대해 근본적인 문제제기를 한 적이 있다. 국회의원들 스스로 "핵폭탄이 떨어졌다."고 말할 만큼 개별 의원들에겐 선거구 존폐와 당락이 달린 문제였다.

혼자서 한 일은 아니다. 또한 내가 제기했던 사건만이 아니라 다른 변호사가 청구했던 사건들도 병합되어 함께 이루어낸 결과였다. 나는 단지 소송(청구) 대리인이었다. 시간이 흘렀으므로 밝히자면, 2000년 헌법소원은 사법연수생 신분으로 선배 변호사들의 이름을 빌려 진행한 것이었다. 두 번의 헌법소원 모두 처음 문제되는 부분에 대해 들었을 때, 나는 당연히 위헌이라 생각해 적극적으로 헌법소원을 내자고 이야기했다. 처음 그런 문제의식을 느낀 쪽은 당시 시행되던 국회의원 선거제도 때문에 큰 피해를 당하고 있던 진보정당(2000년은 민주노동당, 2014년은 정의당)들이었거나 그 소속 당원들, 출마 예정자들이었다. 세상일이 재미있는 것이 2000년 헌법소원의 청구인 중 한 명이던 민주노동당 당원은 14년이 흐르는 동안 그 자신이 변호사가 되어, 그것도 내가 소속된 법무법인의 후배 변호사가 되어 2014년 헌법소원의 청구 대리인들 중 한 명으로 이름을 올리게 되었다.

먼저 2000년 제기해 2001년 7월에 위헌 결정을 받은 사안은 국회의원 후보자 등록 기탁금 제도, 그리고 비례대표 국회의원 배분 방식과 관련한 '1인 1표제'에 대한 것이었다. 국회의원 후보자로 등록할 때 기탁금으로 2천만 원을 납부해야 한다는 것과 상당히 많은 득표를 하지 않으면 기탁금을 반환해주지 않고 국고로 귀속된다는 것은 내가 알고 있던 '선거공영제'와 맞지 않았다. 국회의원 후보자로 등록하기 위해 당시 4년제 대졸 초임 평균연봉 수준인 돈을 기탁금으로 납부해야 한다는 것은 '돈 있는 사람만이 출마하고, 국회의원이 될 수 있다.'는 뜻이었다. 또한 상당한 득표를 하지 않으면 거액의 기탁금을 반환하지 않고 국고에 귀속시키도록 하는 것은 거대 정당 소속이 아닌 경우 반환 기준을 충족하기 어려워 진지한 입후보 희망자 앞을 가로막는 것이었다.

특히 문제라고 생각한 대목은, 지역구 선거 후보자에게 행사된 유권자 의사를 정당 지지 의사로 의제(擬制)해 비례대표 국회의원 의석을 배분한다는 것이었다. 고등학교의 정치·경제 수업 시간에 배웠던 '직접선거의 원칙'에 완전히 배치되는 제도였다. 지역구 국회의원 후보자에 대한 지지와 그 후보자가 소속된 정당에 대한 지지는 엄연히 다른 것이다. 후보자를 많이 낼 수 없는 신생정당이나 진보정당은 실제 정당 지지율보다 훨씬 적은 비례대표 국회의원을 배정받는 불합리가 생기는 제도가 1인 1표제였다. 왜 이전에 헌법소원이 제기되지 않고, 그때까지 위헌이 선언되지 않았는지 의아스러운 제도였다. 당연히 헌법재판소는 그와 같은 기탁금 제도와 1인1표제에 대해 위헌 결정을 했다.

비례대표 국회의원 선거제도는 완전히 바뀌었고, 그 직접적인 결과가 2004년 민주노동당의 국회의원 10명(그중에서 비례대표 국회의원이 8명) 배출이었다. 그런데 또한 세상사가 아이러니

한 것이 비례대표 국회의원 문제가 2008년 민주노동당의 분당 원인 중 하나가 되었고, 비례대표 국회의원 후보자에 대한 부정 경선으로 인해 2012년 통합진보당 분당의 배경이 되기도 했다 는 것이다.

2015년 10월 30일 위헌 결정을 받은 내용은 국회의원 선거구 획정에서 인구 편차에 대한 것이었다. 그 사건 헌법소원의 청구 인이 속한 선거구를 예로 살펴보면, 2012년 3월 기준 서울 강남 구 갑 선거구의 인구수는 30만 9,776명으로, 전국 선거구의 평 균 인구수 20만 6,702명과 비교해 +49.87%의 편차를 보이고, 전국 최소 선거구인 경북 영천시 선거구의 인구수 10만 3,003명 에 비해 3.00:1의 편차를 가지는 것이 '평등선거의 원칙'에 부합 하느냐 하는 문제제기였다. 평등선거의 원칙이란 투표의 수적 평등, 즉 '1인 1표의 원칙'과 투표의 성과가치의 평등, 즉 1표의 투표가치가 대표자 선정이라는 선거의 결과에 기여한 정도에서 도 평등해야 한다는 원칙을 내용으로 한다. 비록 도시와 농촌 사 이에 인구 격차 등이 존재하고 국회의원에게 지역대표성 측면 이 있다 하더라도 국민주권의 출발점인 투표가치의 평등을 본 질적으로 침해할 수는 없다. 따라서 적어도 선거구의 인구 편차 기준으로 상하 33⅓%, 인구 비례로 2:1을 넘어선다면 위헌이라 고 주장했다.

외국의 경우를 보더라도, 미국은 연방 하원의원 선거에서 선거구별로 동일한 인구수를 요구하면서 절대적 평등인 0에 가깝도록 편차를 줄이기 위해 성실히 노력했음을 입증하지 않는다면 평등선거의 원칙에 반한다고 본다. 독일은 원칙적으로 상하편차 15%를 허용 한도로 하되, 상하 편차 25%를 반드시 준수해야 할 최대 허용 한도로 하고 있다. 일본 역시 1994년 법률 제정으로 '각 선거구의 인구 중 가장 많은 것을 가장 적은 것으로 나누어 얻은 숫자가 2 이상이 되지 않도록 함을 기본'으로 하고 있다. 다행히 헌법재판소는 나의 주장을 받아들였다.

이번 위헌 결정으로 자신의 선거구가 없어질 상황에 처한 국회의원들이 헌법재판소가 지역대표성이라는 문제를 제대로 반영하지 않았다고 이야기하는 것이 터무니없어 보인다. 위헌 결정이 지역대표성을 고려했기 때문에 인구 비례를 1:1로 하지 않고 2:1로 한 것이라는 점을 애써 부정하려 하기 때문이다.

이번 위헌 결정이 나오자 거대 보수 양당과 언론은 마치 국회의원 선거제도 전반에 큰 변화가 있을 것처럼 호들갑을 떨었다. 하지만 그로부터 겨우 한 달밖에 지나지 않았음에도 위헌 결정과 관련돼 언급되는 것은 '선거구획정위원회'를 어디에 둘 것이냐 정도다. 태산명동서일필(太山鳴動鼠一匹)인 상황인 것이다.

일부 선거구의 조정으로 새누리당과 새정치민주연합이 기득권만 서로 주고받는 것이 과연 투표가치의 평등이라는 헌법재판소 위헌 결정의 정신에 부합하는지 의문이다. 거대 양당만의 선거구 조정으로 끝나버리고, 심지어 그 과정에서 비례대표 국회의원 수를 희생양으로 삼는다면 또 다른 역설이 생기게 될 것이다. 이번 위헌 결정을 주도한 정의당이 가장 큰 피해자가 될 수도 있기 때문이다. 위헌 결정을 이끌어낸 청구 대리인으로서, 이번 기회에 보수 양당의 기득권을 줄이는 결과가 되더라도 진정한 투표가치의 평등을 실현하기 위한 선거제도가 논의되고, 도입되었으면 한다.

지금까지 선거제도와 관련해 '직접선거의 원칙' '평등선거의 원칙'에 대한 중요한 헌법재판소의 결정을 받았으니 이제 '자유선거의 원칙'과 관련한 헌법소원이나 검토해볼까 하는 생각도 든다. 자유선거의 원칙이란 선거인이 외부의 어떠한 강제나 간섭 없이 자유롭게 자신의 선거권을 행사할 수 있어야 한다는 것이므로, 지난 대통령 선거에서 국가기관인 국가정보원, 국군사이버사령부의 선거 개입이 현재 논란이 되고 있는 우리나라 상황에서 가장 시의성 있는 사안 아닐까?

🔒 박갑주

애도인가
정치인가

민주주의제도의 중요한 뿌리 중 하나인 지방자치제도가 정착되면서 대부분의 지방자치단체가 지역 주민의 문화복지 증진을 위하여 자치단체의 예산으로 지원되는 문화재단을 설립하여 운영하고 있고, 이를 통하여 지역 주민들은 다양한 문화행사를 접하고 참여함으로써 삶의 질을 높일 수도 있게 되었다. 그러나 이렇게 설립된 자치단체 문화재단은 대부분 해당 자치단체로부터 재정적·조직적 독립성을 확보하지 못한 상태에 있고, 이 때문에 자치단체장이나 자치의회의 정치적 이해관계에 따라 의사결정을 하는 경우도 자주 있게 된다. 2010년도 전국동시지방선거 때의 드라마 〈신이라 불리는 사나이〉에 대한 제작지원 철회 사건이나 2014년 지방선거 때의 '뷰티풀 민트 라이프 2014' 공연 취소 사건은, 우리 자치단체의 정치 예속적 문화행정의 단면을 여실히 보여주었다.

도저히 실제 상황이라고 믿기 어려운 참사가 2014년에 또 발생했다. 필자는 사고 당일 오전 사무실에서 그날 오후에 예정됐던 지방 재판을 준비하면서 '세월호'가 침몰하고 있다는 뉴스 속보를 접했다. 그 직후 도착한 버스터미널에서 '단 한 명의 인명 피해도 없도록 최선을 다하라.'는 대통령의 지시를 들었던 터라 약간 안심하면서 지방으로 향했다. 그러나 희망 섞인 안심은 금세 근거 없는 것으로 드러났고 필자 또한 자유로울 수 없는 우리 사회 안전 시스템의 공백과 치부를 다시 한번 아프게 확인해야만 했다. 희생자에게 진심 어린 애도를 다시 표한다.

안전 시스템 말고도 이번 사고는 우리 사회 곳곳의 후진적 요소를 들추고 있는데, '뷰티풀 민트 라이프 2014' 취소 사태도 그중 하나로 생각된다. 올해로 같은 장소에서 5년째를 맞는 인디음악계의 봄 페스티벌인 '뷰티풀 민트 라이프 2014'가 공연장을 대관한 문화재단 쪽의 일방적인 통보로 공연 하루 전날 취소됐다. 문화재단 쪽의 취소 사유는 물론 세월호 참사로 인한 애도였다. '뷰티풀 민트 라이프 2014'에는 10cm, 데이브레이크, 디어클라우드, 버벌진트, 언니네 이발관, 옥상달빛, 요조, 자우림, 페퍼톤스 등 59팀이 4일에 걸쳐 출연하기로 되어 있었고 4년 동안의 경험에 비춰보면 '요란한' 축제가 아님은 분명한데, (대중)음악과 애도는 어울리지 않는다는 명분하에 공연장 대관을 취소했던 것이다. 이에 대해 음악인들뿐만 아니라 일반 시민들도 대부분 재단 쪽의 일방적인 취소에 아쉬움을 보였다. 프로야구나 프로축구 같은 스포츠 경기, 뮤지컬·영화·클래식 같은 대중문화예술 공연은 예정대로 열렸고 심지어 '뷰티풀 민트 라이프 2014' 공연일 전후로 뉴트롤스, 제프 벡, 존 메이어 등 해외 뮤지션들의 콘서트까지 큰 호응 속에 열렸다는 점을 감안하면, 특히 "음악으로도 치유받고 위로받을 수 있다."는 (대중)음악인들의 아쉬움은 충분히 공감할 만하다.

5. 마지막까지 기대를 놓지 말자!

이렇게 아쉬움을 남긴 '뷰티풀 민트 라이프 2014' 취소 사태는 문화재단 관계자들이 음악으로도 애도할 수 있다는 평범한 진리를 몰라서였다고는 생각되지 않으며, 그런 점에서 문화재단 관계자들이 한편으론 억울한 심정이 들 수도 있겠다. 문제는 공연장을 대관하기로 했던 문화재단이 지방자치단체의 예산으로 설립됐고, 이사장도 해당 지자체장이 겸임하는 사실상의 지자체 산하기관이며, 해당 지자체장도 직접 당사자인 전국동시 지방선거가 바로 코앞에 다가온 정치 현실 때문이었다. 특히 공연 이틀 전까지도 합의되지 않았던 공연 취소가 급작스럽게 이뤄진 것은 상대방 정당 지자체장 예비후보의 '세월호 통곡 속 풍악놀이 웬말인가' 성명과 무관하다고 보기는 어렵고, 이번 사태는 결국 재단 관계자들의 무지나 무책임 또는 세월호 참사에 대한 진정한 애도와 기원 때문이 아니라 '정치적 이해관계' 앞에 무너진 문화 환경의 수준과 현실을 다시 확인하게 된 사건과 다름없다.

  이렇게 지자체가 설립한 문화재단이 설립 목적에 부응하지 못하고 정치 지형이나 정치적 이해관계의 변동에 따라 가끔씩 어이없는 실수를 해서 세수를 축내는 것은 해당 지자체로부터 독립하지 못한 데서 비롯되는 당연한 결과다. 이번 경우처럼 지자체가 설립한 문화재단의 대부분은 설립시의 기본 재산을 지자체로부터 출연받고 이후로도 수시로 출연받는다. 지자체장이

재단의 이사장을 겸임하거나 이사의 임면을 좌우하고, 재단의 예산 집행이나 업무 집행은 해당 지자체의 감독을 받는데 실제는 승인을 받아 이뤄지게 되어, 결국 지자체장이나 지자체 의회 내의 정치적 이해관계나 정치 지형의 영향에서 자유로울 수 없게 되는 것이다.

필자는 2010년 3~5월 MBC에서 방영된 24부작 주말드라마에 대한 제작지원 계약 관련 소송을 2010년 7월께부터 약 1년 6개월간 1심부터 항소심까지 진행한 적이 있다. 이 드라마는 지금으로부터 6년 전 제5회 전국동시지방선거 직전에 방영된 드라마였기에 아니러니하게도 많은 지자체들로부터 관심을 받았고, 실제 다수의 지자체로부터 제작지원을 받았다. 외주제작 드라마의 경우 외주제작사가 드라마 제작비 전부를 조달해야 하기에 간접광고(PPL) 계약이나 제작지원 계약을 통해 제작비를 확보하는 것은 불가피한 일이었다. 평소 지자체나 지자체 추진 축제 등을 홍보하기 위한 방편으로 드라마의 제작지원이 일상적인 일이었으나 다수의 지자체가 한 드라마에 동시에 제작지원을 하는 일이 흔하지는 않았다. 당시 전국동시지방선거를 앞둔 상황에서 (조금 과장하자면) 제작사로서는 때아닌 '반짝 특수'가, 지자체장들에게는 자신의 치적을 자연스럽게 노출시킬 '합법적 선거 홍보'의 장이 마련된 것이었다. 특히 재정자립도가 높은 유력 지자체의 경우 지자체 관할하의 문화재단 등이 있었기에 재단의 가용 예산을 활용하게 되면 지자체가 직접 나서야 하는 법률적·경제적 부담조차 피해갈 수 있는 상황이었다. 결국 독자 문화재단을 관할하에 둔 유력한 지자체와 협의해 해당 문화재단을 그 드라마의 메인 제작지원사로 하는 합의가 이뤄졌다. 이에 따라 양 당사자는 제작지원 계약서 초안을 주고받으며 해당 지자체나 문화재단이 노출되는 대본 수정, 촬영, 제작발표회를 진행해 드라마 방영을 목전에 두게 되었다. 그런데 문화재단은 드라마 1회 방영을 앞둔 시점에서 돌연 제작지원 계약서 내용의 재검토가 필요하다는 석연치 않은 태도를 보이다가 드라마 1·2회가 방영된 뒤 아무런 합리적인 사유나 협의 없이 돌연 제작지원 취소 통지를 제작사에 보내왔다. 제작사로서는 제작지원금 중 가장 큰 비중을 차지하는 메인 제작지원사가 갑자기 증발해버리는 경제적 손실을 입은 것도 충격이었으나(방영 중이던 드라마에 대한 피해는 물론 종영 뒤 해당 제작사는 이 타격으로 존폐의 기로에 처하게 되었다), 무엇보다 적극적으로 협력관계를 이어가던 재단 쪽과 지자체 관계자들이 하루아침에 태도를 바꾼 이유를 당시에는 도무지 알 수 없는 것이 미스터리였다.

후일 변론 과정에서 확보한 문화재단 이사회 의사록을 보면서 미스터리의 일단이 풀리게 되었다. 재단 이사회에 영향력을 행사하던 현직 지자체장이 유력 다수당의 공천에서 탈락하게 된 시점을 전후로 이사회의 분위기가 갑자기 바뀐 것이 그 이유였다. 비정(?)하다고도 볼 수 있는 냉엄한 정치 논리가 정치나 선거 일정과 전혀 무관해야 할 문화기관까지 좌지우지하고 결국 누군가 영문도 모른 채 그 희생양이 될 수도 있다는 한국형 블랙코미디를 새삼 확인할 수 있었다.

그래서 '애도'가 아니라 '선거' 때문에 '뷰티풀 민트 라이프 2014'를 취소한 것이 아닌가, 정치적 이해관계가 건강한 정서와 문화의식을 억압한 것은 아닌가, 의심이 든다.

🔒남상철

5. 마지막까지 기대를 놓지 말자!

이 책을
함께 만든 사람들

김수정　부안에서 태어나 전주에서 고등학교를 마치고, 상경하여 법대를 다녔다. 운동(movement)으로 세상을 바꿔보겠다는 열정에 사로잡혀 대학시절을 보내고, 뒤늦게 공부를 시작하여 2001년 변호사가 되었다. 수행해온 소송을 둘러싼 개인의 삶의 무게, 때론 더해지는 사회적 무게에 허덕이며, 밥벌이에 종종거리는 직업인으로, 두 딸의 엄마로 평범하게 살고 있다. 대학시절 좋은 세상을 만들고 싶다는 열망은 가슴에 고스란히 남아 여성, 아동, 병역거부자 등 소수자 인권옹호에 작은 도움이나마 되고자 노력하고 있다.

김 진　강릉에서 자라 대학에서 법학을 전공하고, 1999년 법무법인 시민에서 변호사 일을 시작하였다. 줄곧 여성·비정규 노동과 반차별 문제에 관심을 가지고 일했으나, 여전히 패소의 두려움에 떨며 살고 있다. 능력도 부족하고 적성도 안 맞아서 그만두고 싶다고 입버릇처럼 말하면서도, 법원을 설득해 승소하거나, 지더라도 의미 있는 문제를 제기해 무언가를 바꿔내는 짜릿함을 잊지 못해, 서초동을 헤매고 있다. 아직도, 좋은 노동 판례를 만들어 세상을 바꾸거나 쫄깃한 드라마를 쓰는 작가가 되고 싶다는, 허황된 꿈을 꾼다.

남상철　서울에서 자라 중학교 때까지는 고고학자가 꿈이었으나 종교와 가족, 사회에 관한 고민을 거듭하던 중학 시절에 철학에 관심을 가지고 전공을 하게 되었다. 대학 시절에 접한 사회과학과 인문과학으로 비로소 세상을 보는 안목을 가지게 되었고, 서른이 되기 직전 무렵에 다시 세상과 결합하는 방법으로 변호사를 택하여 1999년부터 변호사 생활을 시작하였다. 변호사가 된 이후에는 시민사회운동에 볼런티어로 참여하면서 호구지책으로는 저작권, 보험, 부동산 사건들을 주로 다루었는데, 지금 돌이켜보니 음악과 책으로 교양을 쌓으며 견뎌왔던 시절인 듯도 싶다. 변호사 생활 내내 이상적인 법률사무소를 꿈꿔왔으며, 법무법인 지향 변호사들을 만나 그 절반을 이뤘다.

류신환　어려서부터 주산을 배워 셈은 빨랐지만 지리 과목은 영 신통치 않았다. 내비게이션 덕분에 좀 나아졌지만 그럼에도 불구하고 여전히 길을 잘 헤맨다. 처음 변호사를 시작했던 30대 초반이나 나이에 비해 덜 여물어 보이는 지금이나 헤매기는 매한가지이지만, 삶 속에서 기뻐하는 법과 도움이 필요한 사람들과 진심으로 어울리는 법을 조금씩 배워가고 있다고 혼자 다행스러워한다. 잡지에 이 글들을 연재할 때는 과분한 임무에 때마다 괴로워했었는데 좋은 동료들의 재미난 이야기들에 끼어 책을 세상에 내놓는 일이 부끄럽긴 해도 꽤 설레는 일임을 알게 되었다.

박갑주　마산에서 태어나, 진해에서 자랐다. 경제학과에 적을 두었지만, 졸업장은 불교학생회에서 받은 것이나 마찬가지다. 대학 졸업 후 민주노동당의 전전신(前前身)인 '진보정당추진위원회 중앙본부'의 정책부장으로 활동하다, 뜻한 바를 이루지 못하고, 사회로 투항할 여러 길을 찾다가 변호사가 되었다. 진보정당에 적을 두었던 관계로 간혹 그로 인하여 인연을 맺고, 정치 발전을 위한 기획 소송 등을 해왔다. 1987년 헌법체계의 한계를 돌파하는 일에 법률가로서 도움이 되었으면 좋겠다고 생각한다. 그래도 가장 고민하는 것은 먹고사는 문제이며, 밥벌이의 중요성과 어려움을 뼈저리게 느끼고 있다.

이상훈　학부는 경제학을, 대학원은 상법을 전공하였고, 한때는 훈훈한 이미지를 가졌던 변호사다. 전공과 이미지를 고려하면 대형 로펌에서 활동하는 것이 순리에 맞을 텐데, 지인들과의 끈끈한 정을 중요하게 생각하고 보기보다 센 고집으로 평생을 시민단체 활동에서 벗어나지 못했다. 그래도 전공에 대한 애정은 마르지 않아 오랫동안 기업 관련 분쟁 실무를 다루면서 돈을 벌었고, 경제 분야 민간 연구소 활동도 열심히 병행해서 나름대로 그 분야에서는 전문가라는 소리를 듣는다.

그리하여 2015년 겨울에 『상장기업법』이라는 제목의 전공 책을 단독으로 출판하기도 한 마이웨이(My Way) 변호사로서, 술안주거리가 될 인생의 파편들이 나날이 쌓여가는 보기 드문 캐릭터의 소유자다.

이상희 깊은 산과 호수에 둘러싸인 화천에서 나고 자랐다. 특별히 뭐가 되고 싶다는 생각 없이 얼떨결에 법을 공부하고 내친김에 사법시험에 도전하여 법조인의 길을 걷게 되었다. 1999년에 변호사 일을 시작했다. 재소자 인권 소송을 하면서 사회에서 배제된 사람들의 삶에 관심을 갖게 되었고, 안식년으로 주어진 1년간 아시아를 둘러보면서 현재의 부정의가 제대로 해결되지 않은 과거의 부정의에서 비롯되었다는 공통점을 발견하고 과거사 청산에 조금이라도 일조하기 위해 노력하고 있다. 좋은 동료들과 좀 더 나은 세상을 위해 후회 없이 변호사 일을 하다가, 작은 도서관을 만들어 아이들과 함께 하는 것이 꿈이다.

이은우 대학에서는 경제학을 전공했다. 사회운동을 하다가 사법시험을 보고 변호사가 되었다. 변호사가 된 후 대형 법무법인에서 10여 년을 일했다. 소비자, 중소기업의 입장에서 이들의 이익을 옹호하는 일을 하고자 대형 법무법인을 나왔고, 뜻을 같이하다 지금의 동료들과 의기투합했다. 정보인권에도 관심을 가지고 진보네트워크센터, 정보인권연구소 등의 활동을 하고 있다.

나는 그렇게
생각하지 않습니다

1판 1쇄 펴냄 2016년 3월 10일
1판 2쇄 펴냄 2017년 9월 29일

지은이 김수정, 김 진, 남상철, 류신환, 박갑주, 이상훈, 이상희, 이은우

주간 김현숙 | **편집** 변효현, 김주희
디자인 이현정, 전미혜
영업 백국현, 도진호 | **관리** 김옥연

펴낸곳 궁리출판 | **펴낸이** 이갑수

등록 1999년 3월 29일 제300-2004-162호
주소 10881 경기도 파주시 회동길 325-12
전화 031-955-9818 | **팩스** 031-955-9848
홈페이지 www.kungree.com | **전자우편** kungree@kungree.com
페이스북 /kungreepress | **트위터** @kungreepress

ⓒ 김수정 외 2016.

ISBN 978-89-5820-369-8   03300

값 15,000원